中华传统文化
经典研习系列

陈文新 ◆ 著

四大名著应该这样读

中华书局

图书在版编目（CIP）数据

四大名著应该这样读 / 陈文新著. — 北京：中华书局，2019.1
（2024.3 重印）
（中华传统文化经典研习）
ISBN 978-7-101-13295-3

Ⅰ . 四…　Ⅱ . 陈…　Ⅲ . 阅读课—中学—教学参考资料
Ⅳ . G634.333

中国版本图书馆 CIP 数据核字（2018）第 117225 号

书　　　名　四大名著应该这样读
著　　　者　陈文新
丛 书 名　中华传统文化经典研习
责任编辑　张　敏
责任印制　管　斌
出版发行　中华书局
　　　　　　（北京市丰台区太平桥西里 38 号 100073）
　　　　　　http://www.zhbc.com.cn
　　　　　　E-mail：zhbc@zhbc.com.cn
印　　　刷　中煤（北京）印务有限公司
版　　　次　2019 年 1 月北京第 1 版
　　　　　　2024 年 3 月北京第 3 次印刷
规　　　格　开本 / 880×1230 毫米　1/32
　　　　　　印张 9　插页 2　字数 160 千字
印　　　数　13001–14000 册
国际书号　ISBN 978-7-101-13295-3
定　　　价　26.00 元

前
言

"四大名著"是中华文化的伟大经典

　　经典是指传统的具有权威性的著作。中华文化经典以"五经""四书"和"四大名著"最为重要。汉代确立了以"五经"为核心的经典体系，宋代确立了以"四书"为核心的新的经典格局，"四大名著"的经典地位则始于晚明，而确立于"五四"以后。

　　晚明开始形成"四大奇书"的概念。"四大奇书"是明代四部长篇章回小说《三国演义》《水浒传》《西游记》《金瓶梅》的合称。明末天启、崇祯年间，这四部书常被论小说者并提，至清初，李渔明确提出了"四大奇书"的概念。他在为两衡堂刊本《三国演义》作的序中说："尝闻吴郡冯子犹赏称宇内四大奇书，曰：《三国》《水浒》《西游》及《金瓶梅》四种。余亦喜其赏称为近是。"李渔之后，"四大奇书"成了小说评论中的常用术语。

　　明末清初"四大奇书"概念的提出，蕴含着特定的文化深意——"四大奇书"其实是比照儒家经典"四书"来命名的：《大学》《中庸》《论语》《孟子》是"四大正书"，《三国演义》《水浒传》《西游记》《金瓶梅》则是"四大奇书"，一"正"一"奇"，相提并论。在清中叶曹雪芹的《红楼梦》问世之后，《红楼梦》取代《金瓶梅》，逐渐形成了"四大名著"这一约定俗成的称呼。其中，《三国演义》是历史演义小说的代表作，《水浒传》是英雄传奇的代表作，《西游记》是神魔小说的代表作，《红楼梦》是人情小说（或世情小说）的代表作。

　　"四大名著"之所以享有崇高的经典地位，是因为它在建设现代中国文化的历程中具有无可替代的功能。从20世纪50年代开始，"四大名著"在国民教育中的重要性日渐凸显。1996年至今，《语文课程标准》经历了若干次改革，但"四大名著"一直是其中的重点，而且受重视程度越来越高。

　　"四大名著"是中国人的经典，也是全人类的经典。夏志清在《中国古典小说史论》中说，"的确，从过去四十年间学术界在这几本书上所下的惊人功夫来看，似乎就是它们构成了中国小说的传统。现在，不仅中国学者，就连西方的汉学家，对有关它们的作者以及版本方面的最细微的问题，也都以极为严肃的态度来探讨"。毫不夸张地说，"四大名著"是中华民族对人类文化的伟大贡献。

"四大名著"享誉中外，其传播日渐广泛。英文译本、法文译本、俄文译本、日文译本等等，遍布海外各地。以"四大名著"为研究对象的海外硕士学位论文、博士学位论文、学术专著以及期刊论文，更是不胜枚举。"四大名著"因为无数读者的阅读，而获得了永不衰竭的活力。

目录

第三讲　《西游记》

第四讲　《红楼梦》

第一讲

《三国演义》

《三国演义》综述

　　《三国志演义》全称《三国志通俗演义》，简称《三国演义》，是中国文学史上第一部长篇章回体小说，也是中国古代成就最高的历史演义即长篇历史小说。

　　《三国演义》的成书，受到三个因素的影响：历史资料、民间故事、文人改编。与三国故事有关的历史资料，主要是晋陈寿的《三国志》和刘宋裴松之为《三国志》所做的注。三国故事在民间的流传方式主要是"说话"（讲故事）和演戏。宋代"说话"之"讲史"门中有专说"三分"的艺人，如霍四究（见孟元老《东京梦华录》卷五）。现存的文献有两部元代刻印的讲史话本：《三国志平话》和《三分事略》。金元时期的戏曲舞台上出现了大量的三国戏。据《录鬼簿》《太和正音谱》等记载，元杂剧中有六十多种三国戏，现存《关大王单刀会》《刘玄德独赴襄阳会》等二十一种。民间流传的三国故事，其特点是"俗"，具体表现为热闹有趣的故事、诙谐幽默的风格和尊刘抑曹的倾向。刘、关、张都富于草莽英雄气息，而张飞的形象尤为突出。

《三国演义》大约成书于元末明初，作者是元明之际的罗贯中。

《三国演义》以三国时期的"兴废争战"为题材，始于黄巾起义（184），终于"三分归一统"（280）。其核心内容大体包括"历史的三国""民间的三国"和"掌故的三国"。

"历史的三国"主要取材于《三国志》及注，以曹操为中心，从总结历史经验的角度写他统一北方的历程，其中对官渡之战的描写尤为典型。在"历史的三国"中，道德评价相应地减弱了其重要性，肯定甚至赞赏曹操的"术"（解决政治、军事问题的技巧）构成相关情节的内在意蕴。毛宗岗《读三国志法》称曹操"是古今来奸雄中第一奇人"。曹操之奇，奇在智谋过人，即"智足以揽人才而欺天下"。就"智足以揽人才"而言，人才乐于为曹操所用，首先是因为他慧眼识人并想方设法加以笼络；其次，无论是武将，还是谋士，只要为曹操效力，总能得到物质、荣誉、地位等方面的回报。尤其是对于谋士，曹操尊重他们的建议，肯定他们的智慧，而这正是谋士们所追求的人生价值之所在。至于"智足以欺天下"，包括了两个侧面：一是曹操虽然不把汉献帝放在眼里，但终其一生并未称帝，显出一副"忠君"的姿态；一是深知民心向背乃事业成败的关键，善于行爱民之举以获取民心。曾有一种意见认为:曹操的形象是在戏曲舞台上被丑化的,《三国演义》中的曹操仍是"可儿"(称人心意的人)。这意见的合理性不必怀疑,至少,从《三国演义》对曹操、董卓、袁术、袁绍、刘表等的对比描写来看,纳道德于权谋之中的曹操,在招揽人才和争取民心方面,确乎有过人之处,他是在历史进程中扮演了伟大角色的人物。以同样的标准来衡量其他历史人物,《三国演义》对孙权等也不乏喝彩之笔,对魏、吴阵营的那些出类拔萃的谋士(如郭嘉、荀彧、贾诩)、身先士卒的勇将(如典韦、许褚、庞德),也予以了高度赞许。

《三国演义》对刘、关、张和诸葛亮的描写,以来自民间的故事为主体,其特征是追求道德化的情感满足,在明确区分"好人""坏人"的基础上,又热衷于赋予"好人"的"谋""勇"以传奇意味、超人色彩,其中对赤壁之战的描写尤为典型。这就是我们所说的"民间的三国"。

对道德化的情感满足的追求,主要是经由尊刘抑曹表达出来的。曹操复杂性格的核心是极端利己主义,由此呈现出虚伪、奸诈、残忍和凶暴等特征。与曹操"宁教我负天下人,休教天下人负我"的利己主义人格成为对照,刘备是作者极力推崇的仁君,"吾宁死,不为不仁不义之事",即使于己不利,也不把"妨主"的的卢马转送他人,不肯抛弃跟随他的十数万樊城百姓。只是,由于作者的过分粉饰,刘备的仁和善被推向极端,甚至入侵西川也被粉饰为并非出于本意,这样就失去了真实感。相比之下，还是关羽和诸葛亮更受读者喜欢。

诸葛亮是《三国演义》着力刻画的重要人物，他才具不凡，具有鞠躬尽瘁、死而后已的献身精神。《三国演义》以魏、蜀、吴三条叙事线索为纲，而魏、蜀两大政治集团的较量则为全书的主干；对魏、蜀的描写以蜀汉为重点，而对蜀汉的描写又以诸葛亮为中心。《三国演义》一百二十回，共写了一百十一年的事情。诸葛亮的政治军事活动虽然只有二十七年，但这二十七年却在《三国演义》中占了一半以上的篇幅，即从第三十八回的"隆中决策"，到第一百零四回的"丞相归天"，共有六十六回，这还不包括诸葛亮出山前水镜先生对他的赞美，以及去世后"魏都督丧胆""定军山显圣"等有关章回。在这近七十回中，有大半回目是专写诸葛亮的。如此着力刻画的人物，在《三国演义》中没有第二个。

《三国志》里的关羽，虽然勇武超群，但在英雄辈出的时代里，并不显得特别光彩照人，而在《三国志平话》中，他的戏份还比不上张飞。《三国演义》则把他塑造成了"作事如青天白日，待人如霁月光风"的"古今来名将中第一奇人"。罗贯中偏爱关羽，原因在于，关羽是一名儒将，他既不像张飞，一味粗豪莽撞，有似江湖好汉，也不是文弱书生，手无缚鸡之力。关羽精通《左传》，涵养极深，举止豁达而不粗野，言语磊落而不莽撞，胆识过人，武艺绝伦。罗贯中经历过元末明初的战乱，关羽比较符合他的人生理想，也更能体现元明之际知识精英的审美心理。

清初毛宗岗修订《三国演义》，他有意在小说中增加了大量笔记片段。其《凡例》十条之三云：

> 事有不可阙者，如关公秉烛达旦，管宁割席分坐，曹操分香卖履，于禁陵庙见画，以至武侯夫人之才，康成侍儿之慧，邓艾凤兮之对，锺会不汗之答，杜预《左传》之癖，俗本皆删而不录。今悉依古本存之，使读者得窥全豹。

所谓"悉依古本存之"，实际上是假托古本。毛宗岗假托古本所收录的这些"事"，主要出自《世说新语》这一类笔记。这些片段自成格局，构成了我们所说的"掌故的三国"。

对掌故的爱好基于一种谈笑话沧桑的人生态度：恬淡闲适的隐逸情调是比刀光剑影的杀伐征战更能提高人的尊严和生命意识的；对"是非成败"的热衷其实不如摆脱了争竞的小品式的淡定。"古今多少事，都付笑谈中。"这就是"掌故的三国"所蕴含的价值判断。

毛宗岗评点《三国演义》，有"三奇"之说：曹操是"古今来奸雄中第一奇人"，诸葛亮是"古今来贤相中第一奇人"，关羽是"古今来名将中第一奇人"。这三个人物，是《三国演义》中"历史的三国"和"民间的三国"两种文化内涵的主要承担者。大体说来,"历史的三国"更加关注政治智慧,"民间的三国"更加关注日常伦理,正如政治智慧与日常伦理不能相互取代一样,"历史的三国"与"民间的三国"也不能相互否定,而只能相互补充。至于毛宗岗评本以贯穿全书的掌故风味和隐逸情调来消解"英雄"的意义,则另具一种超越世事和感慨世变的情怀。《三国演义》由此获得了博大深厚的品格,当然也潜伏着比单向度小说更容易被误解的可能性。

《三国演义》早在明隆庆三年(1569)即朝鲜宣祖三年已传入朝鲜,是中国古典名著中最受朝韩读者欢迎的作品,在现存的版本、翻译、改作、出版状况、古典文献的记录等方面,《三国演义》都是其他中国古典名著比不上的。日本、印度尼西亚、越南、泰国、英国、法国、俄罗斯等诸多国家也先后有《三国演义》的本国语言译本出版,并陆续有研究论文和专著发表。《三国演义》在世界文学史上占有重要地位。

英雄气长，儿女情短

　　明末雄飞馆主人曾将《三国演义》《水浒传》合刻，总名为《英雄谱》。这两部名著确实有一个共同特点，即"英雄气长，儿女情短"。

　　《三国演义》的"英雄气长，儿女情短"，明显地表现在对貂蝉和江东二乔的处理上。

　　貂蝉是《三国演义》中的第一号美女。这个人物如果是在唐人传奇里，或者是在清初的才子佳人小说中，不知要衍生出多少浪漫旖旎的恋爱故事。但《三国演义》写貂蝉，却仅仅着眼于她在当时的政治格局中所起的作用。

　　那天，王允想到董卓白昼杀人的残忍场面，坐立不安。至夜深月明，策杖步入后园，立于荼蘼架侧，仰天垂泪。忽然听见牡丹亭畔有人长吁短叹，一看，原来是府中歌妓貂蝉。王允喝问："贱人将有私情耶？"貂蝉跪下道："妾蒙大人恩养，训习歌舞，优礼相待，妾虽粉身碎骨，莫报万一。近见大人两眉愁锁，必有国家大事，又不敢问。今晚又见行坐不安，因此长叹。不想为大人窥见。倘有用妾之处，万死不辞！"就这样，貂蝉主动介入了王允布下的"连环计"中。她周旋于董卓与吕布之间，最终使两人矛盾激化，改变了当时的政治格局。

　　貂蝉充分发挥了她的眼睛对吕布的杀伤力。例如：貂蝉在董卓卧室见吕布在窗外偷窥，遂"故蹙双眉，做忧愁不乐之态，复以香罗频拭眼泪"。在董卓中堂，貂蝉又对着吕布"微露半面，以目送情"，以至吕布"神魂飘荡"。董卓病时，吕布去探望，"貂蝉于床后探半身望布，以手指心，又以手指董卓，挥泪不止。布心如碎"。后世的读者多称貂蝉为"女将军"，这是因为貂蝉实在了得。刘、关、张三英战吕布，尚且费力，貂蝉凭几滴眼泪便摆平了吕布，这还算不得大将军么？

　　只是，一旦离开了政治，一旦不再扮演"女将军"的角色，《三国演义》就不把貂蝉这位美女当回事了。"连环计"中的貂蝉是备受重视的，因为这与政治博杀相关，但此后貂蝉在罗贯中眼里就无足轻重了。貂蝉的最终结局如何，罗贯中没有提到。也许在他看来，一个小女子不值得关注，她使吕布杀了董卓，就已经完成了使命。但清初那个既是读者又是评改者的毛宗岗，却密切关注着貂蝉的下落。第十二回，濮阳之战，吕布败于曹操，引军奔定陶而去。"陈宫急开东门，保护吕布老小出城。"毛宗岗在旁边批了一句："不知此时貂蝉安在？"第二十回，曹操平定徐州，"将吕布妻女载回许都"，毛宗岗又不无牵挂地在这里加了一句评语："未识貂蝉亦在其中否？自此之后，不复知貂蝉下落矣。"读者毛宗岗如此牵挂貂蝉，作者罗贯中则不大留意貂蝉，一个与政治不再相关的女子，无论多么美丽婀娜，她在罗贯中眼里也是无足轻重的。

江东二乔是历史上著名的"国色"，加上这对姐妹花分别嫁给孙策和周瑜两位英杰，她们的故事更多了一层英雄美人的色彩，连北宋苏轼也在"大江东去"那首词中向慕不已地写道："遥想公瑾当年，小乔初嫁了，雄姿英发。"只是，在《三国演义》中，作者压根儿就不关心作为浪漫故事主角的二乔，甚至懒得让她们露面，而只是把她们当作政治家运筹帷幄的道具来用。

唐代诗人杜牧曾在《赤壁》诗里调侃过一句："东风不与周郎便，铜雀春深锁二乔。"那本是开玩笑的话，是说如果运气不好，没有东风相助，周瑜就会吃败仗，连二乔也会成为曹操的囊中物。《三国演义》从这里找到灵感，把"雄姿英发"的周瑜写得猥琐不堪，以矮化周瑜的方式矮化了二乔。

细心的读者可能注意到了，《三国演义》中有两个周瑜。一个周瑜是风度翩然的江东才俊。他"姿质风流，仪容秀丽"，有非凡的气度和才华。初识孙策，便举荐张昭、张纮二贤。孙权掌事后，又举荐了鲁肃。孙权麾下人才济济，周瑜功不可没。赤壁之战前，东吴内部战降之争持续不休，连孙权也一度拿不定主意。是周瑜力陈曹操所犯兵家之忌，使孙权消除了顾虑，下定了抗曹的决心。周瑜又主动请兵，进驻夏口，率众破曹。他调兵遣将，动止有法，连起初瞧不起这位年轻统帅的老将程普也心悦诚服。"三江口曹操折兵"是周郎打的第一个胜仗；"群英会蒋干中计"，又借曹操之手除掉了蔡瑁、张允两个水军都督。打黄盖，用苦肉计；请庞统，得连环计。一环扣一环，把精明过人的曹操"玩"得晕头转向，最终差点儿全军覆没。这个周瑜，正是苏轼所倾慕的"雄姿英发"的周瑜。

　　与风度翩然的江东才俊周瑜形成对照，另一个周瑜却每每有失风度。诸葛亮在曹植《铜雀台赋》中故意加了"揽二乔于东南兮，乐朝夕之与共"等句子，当着周瑜的面念给他听，以证明曹操挥师南下，就是为了掳掠二乔，以此来"激"周瑜。周瑜听了，果然勃然大怒，离座指北骂道："老贼欺吾太甚！吾与老贼誓不两立！"一点儿也沉不住气。他无法容忍智高一筹的诸葛亮，屡次设计加以谋害。诸葛亮答应三日之内监造十万枝箭，并立下了军令状。周瑜暗自得意，私下对鲁肃说："他自送死，非我逼他。今明白对众要了文书，他便两肋生翅，也飞不去。我只分付军匠人等，教他故意迟延，凡应用物件，都不与齐备。如此，必然误了日期。那时定罪，有何理说？"这口气，仿佛乡里小儿耍无赖，哪里有一点英雄气度？可周瑜又总是斗不过诸葛亮，以致被活活气死，还落了个心胸狭小的名声。

《三国演义》中风度翩然的江东才俊周瑜，是历史上那个周瑜的写照；而心胸狭小、以窝里斗为能事的周瑜，则来自民间艺术家的创造。《三国演义》对第一个周瑜虽然也花了些笔墨，但第二个周瑜才真写得浓墨重彩。让小乔嫁给第二个周瑜，是对二乔的调侃，也表明了《三国演义》对儿女之情的怠慢。

《三国演义》还写了一个丑女，那便是诸葛亮的妻子黄氏。小说写她"貌甚陋"，却有奇才：上通天文，下察地理；凡韬略遁甲之书，无所不晓。又十分贤惠，对诸葛亮多有帮助。诸葛亮死后，她不久也去世了。正所谓"天下奇人，必有奇配"。刻意以一个丑女来配"古今来贤相中第一奇人"，也见出《三国演义》对儿女之情的不屑。

《三国演义》何以会"英雄气长，儿女情短"？这与历史演义的审美取向有关。

钱锺书《管锥编》第二册"妙画当良医"谈到过历史著作的写法问题。他举了一个例子：《南史·刘瑱传》记鄱阳王被处死刑后，他的妃子刘氏因悲伤得病，缠绵病榻，刘氏的兄长刘瑱于是请陈郡殷蒨画了一幅画，将鄱阳王生前与其所宠亲昵备至、"如欲偶寝"的情状画得生动如见，刘氏见了画中情景，怒骂道："这老家伙死得太晚了！"从此悲伤之情逐渐减弱，病也好了。钱氏就这一事例分析道："《南史·刘瑱传》未及其他；此事虽资谈助，然单凭以立传入国史，似太便宜若人。《晋书》出于官修，多采小说；《南史》《北史》为一家之言，于南、北朝断代诸《书》所补益者，亦每属没正经、无关系之闲事琐语，其有乖史法在此，而词人喜渔猎李延寿二《史》，又缘于此也。"确实，在正史中，叙述主体是"天下""国家"，是建功立业，细腻的情感活动和琐碎的家长里短是不应形诸笔墨的；而《三国演义》虽然不是历史著作，却是一部历史演义，在题材选择上仍与历史著作有其相近之处。在这样一部写"伟大人物创造伟大事业"的著作中，历史英雄才是主角，"儿女"除非也去干英雄的事业，否则就不会有重要位置。

"雄才大略"的"奸雄"

  《三国演义》中"智足以揽人才而欺天下"的曹操，纯用霸术，堪称"雄才大略"的"奸雄"。其基本特征是：他的行为虽以权谋为出发点，但却符合中国传统儒家的政治理念，比如赏识和重用人才等。

  淯水一战，曹操败于张绣，典韦为了掩护曹操逃命，死拒寨门，最后中箭中枪而死。曹操亲自为他祭奠，痛哭着对诸将说："吾折长子、爱侄，俱无深痛；独号泣典韦也！"回到许都，又立祀祭奠典韦，封其子典满为中郎，收养在府。事隔一年，行军途中路过淯水，曹操忽然在马上放声大哭。众人问其故，曹操说："吾思去年于此地折了吾大将典韦，不由不哭耳！"随即下令屯住军马，大设祭筵，吊奠典韦亡魂。曹操亲自拈香哭拜，三军无不感叹。曹操之哭典韦，也许确有深情在——典韦几次救了曹操的命；同时也是做给那些活着的将领看的，如毛宗岗所说，"哭一既死之典韦，而凡未死之典韦，无不感激"。他期待麾下的所有将士，都像典韦一样不惜肝脑涂地效忠于他。

曹操打败袁绍后，郭嘉主张乘胜进击乌桓，而大多数人反对。曹操采纳了郭嘉的建议，果然取胜。但回到易州，他却首先重赏那些持反对意见的人。他说：这次远征，因老天保佑，侥幸成功。各位的主张，才是万安之计，理应重赏。以后还望多献良策。成功了，曹操能奖励曾持反对意见的人；失败了，他也能奖励曾有先见之明的人。诸葛亮火烧新野，夏侯惇败回许昌。夏侯惇说，李典、于禁曾提醒我要防止诸葛亮用火攻，真后悔没听他们的！曹操于是赏赐李、于二人。

曹操的行为与袁绍等人形成了鲜明对照。进兵官渡时，田丰从狱中上书，谏阻袁绍："今且宜静守以待天时，不可妄兴大兵，恐有不利。"逢纪进谗言道："主公兴仁义之师，田丰何得出此不祥之语。"袁绍于是大怒，欲斩田丰，因众官求情才罢。然而这一仗还真败了。田丰在狱中，一狱吏向他贺喜，理由是他的预料应验了，一定会得到袁绍重用。田丰笑道："吾今死矣！"狱吏不解，田丰说："袁将军外宽而内忌，不念忠诚。若胜而喜，犹能赦我；今战败则羞，吾不望生矣。"狱吏不信。时值一个使者奉命来取田丰之首，狱吏方惊。田丰叹道："大丈夫生于天地间，不识其主而事之，是无智也！今日受死，夫何足惜！"乃自刎于狱中。可以说，猛将谋士投奔曹操，是适得其所。而投奔袁绍之流，则是明珠暗投。"为明主（曹操）谋而忠，其言虽不验而见褒；为庸主（袁绍）谋而忠，其言虽已验而见罪，何其不同如此哉！"（毛宗岗评语）从"智足以揽人才"的角度看，曹操是当得起明主之称的。毛宗岗在评点《三国演义》时，多次赞赏曹操为"可儿"，也正是基于这一事实。

在争取民心方面，曹操也比董卓、袁术、李傕、郭汜等军阀高明百倍。

李傕、郭汜掌权之后，"残虐百姓"；袁术征讨徐州时，"七路军马，日行五十里，于路劫掠而来"；董卓更是视百姓如草芥。他有一次带军出城，走到阳城地方。时值二月，百姓们聚在一起举行迎神赛会。董卓下令军士围住，大肆杀戮，掠夺妇女财物，装在车上，车下吊挂数千颗人头，还扬言说是杀贼大胜而回。在城门外焚烧人头，把妇女财物分发给众军。迁都前，董卓派人遍行捉拿洛阳富户，共数千家，在他们头顶插上白旗，上写"反臣逆党"，尽斩于城外，没收其财产。军队押着数百万洛阳百姓迁往长安，沿途死掉的不计其数。董卓还放纵军士淫人妻女，夺人粮食。啼哭之声，震动天地。又一把大火将洛阳城化为焦土，连官民坟冢也被挖掘殆尽。董卓的信条是："吾为天下计，岂惜小民哉！"然而，舍弃百姓，安有天下？董卓太残暴，也太缺少政治智慧。

曹操却深知民心向背乃是王霸事业成败的关键，所以他时常表现出爱民的风范。《三国演义》对此多有叙述，例如：

曹操打败袁绍后，在河边休息，当地百姓带着饮食前来慰问。一些长者告诉曹操：袁绍重敛于民，老百姓都心怀怨恨。如今丞相兴仁义之兵，战败袁绍，老百姓从此可望太平了。曹操听了，一面赏赐长者，一面号令三军：如有下乡杀人家鸡犬者，与杀人同样治罪！听说冀州空虚，众人都劝曹操赶紧进攻。曹操却说，现在庄稼长势正好，如遇战事，百姓恐怕会遭殃，等秋收以后再打也不为晚。平定冀州后，曹操下令：河北居民遭兵革之难，尽免今年租赋。

给读者印象最深的大概要算"割发代首"的故事了。第十七回，曹操进攻张绣，正当麦熟之时，曹操下令："大小将校，凡过麦田，但有践踏者，并皆斩首。"因此官军都下马扶麦而行。不料，曹操本人的马突然受惊，窜入麦田，踏坏了一大块麦子。曹操立即召行军主簿给自己定罪，主簿感到为难。曹操说，我自己制法，自己违法，怎能服众！拔剑自刎，被左右救住。郭嘉说：《春秋》之义，法不加于尊。丞相作为统帅，岂可自杀？曹操沉吟良久，拔剑割下自己的头发，命人传示三军："丞相践麦，本当斩首号令，今割发以代。"于是三军悚然，无不凛遵军令。曹操是善于行爱民之举以获取民心的。

从《三国演义》对曹操、董卓、袁绍等的对比描写来看，在招揽人才和争取民心方面，曹操确乎有过人之处。毛宗岗曾意味深长地说：人们都骂曹操是奸雄，然而这奸雄岂是人人都可骂的？曹孟德应该骂别人不是奸雄。

毛宗岗所谓"不是奸雄"，即不懂得推行"假仁义"。

"假仁义"是伴随着春秋五霸而出现的一个说法。他们都是靠实行"假仁义"而赢得民心、称霸一时的。有人谈起他们，用不屑一顾的口气说："是何足道哉？"但元末明初的刘基不这么看，他在《假仁义》一文中指出："五伯之时，天下之乱极矣，称诸侯之德无以加焉，虽假而愈于不能，故圣人有取也。故曰诚胜假，假胜无。天下之至诚吾不得见矣，得见假之者亦可矣。"意思是：真仁义胜过假仁义，假仁义胜过不仁义；既然真仁义已不得见，得见假仁义也不错。

所谓"假仁义"，即化仁义为谋略，以改善政治、争取民心。刘基指出："假仁义"有助于政治的清明，可以给民众带来好处，又有什么理由不加以提倡呢？由此可以看出刘基的思路：比起毫无顾忌地损人利己的"不仁义"，"假仁义"也有值得肯定的地方。

是道德，更是权谋

在是否称帝这件事上，曹操表现出了远过于袁术等人的政治智慧，而刘备对这一套权谋看来也一样精通。

袁术在淮南，地广粮多，又有孙策所质玉玺，便做起了称帝的美梦。他对众人说："昔汉高祖不过泗上一亭长，而有天下；今历年四百，气数已尽，海内鼎沸。吾家四世三公，百姓所归；吾欲应天顺人，正位九五。尔众人以为何如？"主簿阎象明确表示反对，理由是：当年周代始祖后稷积德累功，一直到周文王，拥有天下三分之二的疆土，仍然没有篡殷。你袁术虽然家世显贵，但比不上周文王，此其一；汉室虽然衰微，但还没有像殷纣王那样残暴，此其二。这样看来，称帝的事"决不可行"。但袁术一意孤行，于建安二年（197）称帝于寿春，建号仲氏。从道德上说，这是不忠；从权术上说，这是无谋。盖建安初年，天下仍处在群雄并立的阶段。刘备、孙策、袁绍、公孙瓒、吕布、张绣、张鲁、刘表、刘璋、马腾、韩遂，没有一个人敢僭帝号，而袁术却冒天下之大不韪，自立为皇帝，当然会成为众矢之的了：天下英雄群起而攻之，他转眼便倒台了。

曹操就高明许多。他的确不把汉献帝放在眼里，但"许田打围"后，他就不再萌生废立之意，确乎权术过人。曹操曾请献帝到许田围猎，想借此机会观察群臣动静。刘备、关羽等亦随驾出猎。看见荆棘丛中跳出一只大鹿，献帝连射三箭不中，命曹操射。曹操要过献帝的宝雕弓、金鈚箭，扣满一射，正中鹿背，倒于草中。群臣将校见了金鈚箭，以为是献帝射中的，都踊跃向献帝齐呼"万岁"。这时，曹操竟纵马直出，拦在献帝前迎受。这一举动令群臣惊诧不已，"众皆失色"。曹操从这一反应看出，废立之事不可擅行。"挟天子以令诸侯"，让汉献帝拥有天子的名分，而自己操纵天子的实权，比空有其名的袁术"实惠"多了。

即使是在一统北方、天下已三足鼎立之时，曹操仍然没有"进一步"的打算。曹操病重期间，孙权写信给他，说："臣孙权久知天命已归王上，伏望早正大位，遣将剿灭刘备，扫平两川，臣即率群下纳土归降矣。"曹操看了，大笑说："是儿欲使吾居炉火上耶！"侍中陈群等人奏道："汉室久已衰微，殿下功德巍巍，生灵仰望。今孙权称臣归命，此天人之应，异气齐声。殿下宜应天顺人，早正大位。"曹操笑着说：

> "吾事汉多年，虽有功德及民，然位至于王，
> 名爵已极，何敢更有他望？苟天命在孤，孤为周文
> 王矣。"

曹操的意思是说：如果天命眷顾曹家，那他宁愿做周文王，而让儿子做周武王。周文王时，虽然他已"三分天下有其二"，但照常称臣，不去挑战殷纣王的君权；他把取代殷商的事留给儿子周武王去做。为什么留给儿子去做呢？因为这可以把阻力降到最低程度。曹操把自己比为周文王，也就是让他的儿子曹丕来灭掉汉朝，目的也是降低灭汉的成本。从实质上说，这是有谋；而在表面上，则是"忠君"。曹操把自己装点成一个照儒家政治伦理行动的人，显示了过人的政治谋略。

其实，把道德当权术来用，刘备同样深谙此道。初平四年（193），曹操率大军攻打徐州，刘备领兵相救。徐州牧陶谦欲将徐州牌印相让，刘备固辞。如此反复三次，最终在百姓哭拜相求之下，刘备才领徐州牧。"三辞徐州"固然见得刘备德高望重而又谦逊，然而其中自有谋略。毛宗岗的评语说得十分清楚：

> 刘备之辞徐州，为真辞耶？为假辞耶？若以为
> 真辞，则刘璋之益州且夺之，而陶谦之徐州反让之。

　　或曰：辞之愈力则受之愈稳。大英雄人，往往有此算计，人自不知耳。

　　这样看来，不仅曹操是有大谋略的人，刘备亦然。

　　曹操生前没有称帝，而他的儿子曹丕建立了曹魏帝国。之后，刘备在成都建立了蜀汉政权。这两件事，《三国演义》第八十回回目的褒贬意味十分明显：曹丕废帝篡炎刘，汉王正位续大统。为什么曹丕称帝便叫"篡"，刘备称帝却是"续大统"？这一方面是因为汉中王姓刘，另一方面，刘备的时机选得好。当初称汉中王，是在曹操称魏王之后；现在称帝，也是在曹丕称帝之后。刘备其实早就想做皇帝，他的两个儿子，一名封，一名禅，"封禅"即天子祭天地之礼。可见刘备早有此心。但在称王称帝的事情上不为天下先，这是占据道德制高点的关键一招。

　　称王称帝而又要不被人骂，实在是一门高妙的艺术。毛宗岗曾经揭示过其中的技巧：真能做皇帝的往往不在先而在后。要做正统之帝，必须等海内削平、四方宾服，又必须有群臣劝进，诸侯推戴，然后一而再、再而三地推让，实在推辞不得，才能祀南郊、改正朔。帝位接受得越迟，也就越稳固。即使是做闰统偏安之帝，也必须等小邦都已兼并，大国仅存一二，外面没有战事，内部人民乐附，然后再由侯而王，由王而帝，一步步地上升，才能够确立稳固的帝业。像袁术那样，一下子从一介太守而蹿升到至尊之位，是注定要迅速灭亡的。

看来刘备很懂这门艺术。《三国演义》写昭烈皇帝即位前的"礼让"，那些文字花团锦簇，足以显出刘备的政治技巧：

> 孔明与许靖，引大小官僚上表，请汉中王即皇帝位。汉中王览表，大惊曰："卿等欲陷孤为不忠不义之人耶？"孔明奏曰："非也。曹丕篡汉自立，主上乃汉室苗裔，理合继统以延汉祀。"汉中王勃然变色曰："孤岂效逆贼所为！"拂袖而起，入于后宫。众官皆散。
>
> 三日后，孔明又引众官入朝，请汉中王出。众皆拜伏于前。许靖奏曰："……若不从臣等所议，是失民望矣。"汉中王曰："孤虽是景帝之孙，并未有德泽以布于民；今一旦自立为帝，与篡窃何异！"孔明苦劝数次，汉中王坚执不从。
>
> （孔明装病，说出一番"忧愁心事"）汉中王曰："吾非推阻，恐天下人议论耳……"
>
> （文武众官拜伏于地，请主上择日行大礼）汉中王惊曰："陷孤于不义，皆卿等也！"
>
> （登基仪式上，谯周读罢祭文）孔明率众官恭

上玉玺。汉中王受了，捧于坛上，再三推辞曰："备无才德，请择有才德者受之。"……文武各官，皆呼"万岁"。

拜舞礼毕，改元章武元年。

一篇官样文章，做得何等花团锦簇！《三国演义》尊刘而抑曹，写曹操的忠君举动，往往揭示其背后的权谋；写刘备的权谋，却希望读者相信他真有道德。一扬一抑，倒也好看煞人。

在《三国演义》中，曹操被视为"心口如一的小人"。有趣的是，这个"心口如一的小人"，他给刘备的评价是"外君子而内小人"。鲁迅《中国小说史略》曾说《三国演义》"欲显刘备之长厚而似伪"，倒是和曹操的意思有几分相近。

孔明出场

"伏龙、凤雏，两人得一，可安天下。"这是隐士、高人水镜先生司马徽向刘备透露的一条十分重要的"人才信息"。刘备忙问这二人究竟是谁，水镜却不明示，只是抚掌大笑道："好！好！"好不容易透露了如此宝贵的信息，却又"犹抱琵琶半遮面"，这是吊刘备的胃口，也是吊读者的胃口。刘备一夜没睡好觉，夜里他听到有人和水镜对话：

水镜："元直何来？"

"其人"："久闻刘景升善善恶恶，特望谒之。及至相见，徒有虚名，盖善善而不能用，恶恶而不能去者也。故遗书别之，而来至此。"

水镜："公怀王佐之才，宜择人而事，奈何轻身往见景升乎？且英雄豪杰，只在眼前，公自不识耳。"

"其人"："先生之言是也。"

刘备听了大喜，暗忖"其人"必是伏龙、凤雏。想出来见个面，又不便造次。好不容易挨到天亮，忙向水镜询问"其人"姓名，伏龙、凤雏果系何人，水镜只是笑答："好！好！"对谜底仍是守口如瓶。

其实，"其人"既不是伏龙，也不是凤雏，他叫徐庶（字元直），也是一个难得的奇才，后来他为刘备效劳过一段短暂的时日。当他不得不离开刘备的时候，刘备哭道："元直去矣，吾将奈何？"然而，"山重水复疑无路，柳暗花明又一村"。刘备忧伤地望着徐庶远去，忽然又见他拍马而回。原来他要向刘备推荐一个人。他说刘备若得此人，无异于周文王得姜子牙，刘邦得张良。如果以徐庶本人与之相比，那就等于驽马并麒麟、寒鸦配鸾凤。此人曾经自比管仲、乐毅，但在徐庶看来，管仲、乐毅都不如他。"此人有经天纬地之才，盖天下一人也！"如此了得的人物，究竟是谁呢？直到此时，徐庶才把水镜"保留"的信息全盘托出：此人复姓诸葛名亮字孔明，此人就是卧龙。这是诸葛亮的姓名第一次在《三国演义》中出现。

毛宗岗在《三国演义》第三十六回总评中说："孔明乃《三国志》中第一妙人也。读《三国志》者，必贪看孔明之事。乃阅过三十五回，尚不见孔明出现，令人心痒难熬。及水镜说出伏龙二字，偏不肯便道姓名，愈令人心痒难熬。至此卷徐庶既去之后，再回身转来，方才说出孔明……写来如海上仙山，将近忽远。绝世妙人，须此绝世妙文以副之。""诸葛亮"姓名的道出尚且如此曲折，如此郑重，可以想见，他的出场，必然更加不同寻常。

刘备"三顾茅庐"，就是为诸葛亮出场特意安排的隆重仪式。

这个仪式说简单也简单，无非是刘备去拜访孔明，两次都跑了空趟，第三次才请出了这位卧龙。整个情节没有什么扣人心弦的地方，其实比较平淡。可是在小说家的笔下，拜访的对象神秘莫测，拜访的过程扑朔迷离，本来简单的仪式，因而显得复杂而又隆重。

之所以获得如此效果，是因为小说家在此放弃了很多特权，他和刘备一样，也是一个初到隆中的陌生人。本来，小说家是可以全知全能的，他既可以向读者报告刘备的行踪，也可以报告与此同时的诸葛亮的状态，所谓"花开两朵，各表一枝"，说的便是这个意思。但罗贯中没有这样做，他放弃了全知全能的写法，把自己隐藏起来了，所有的信息都从刘备那儿来，刘备见到的、听到的，《三国演义》才写；刘备见不到的、听不到的，《三国演义》就不写：一切以刘备的所见所闻所知所了解为限。在叙事手法上，这叫第三人称限知叙事，又叫单人物角度，又叫有限范围内的全知作者。其特点，正如美国学者利昂·塞米利安《现代小说美学》所说，作者被限定在某个范围之内，叙述者即作者不再同所有的人物处于相同的距离，他只同其中一个人物比较接近；我们只能从这个人物那里得到信息，作者不能告诉读者这个人物所不知道的东西。

　　一顾茅庐，未能见到诸葛，归来途中，忽见一人，容貌轩昂，丰姿俊爽，头戴逍遥巾，身穿皂布袍，杖藜从山僻小路而来。刘备猜测此人必是卧龙，赶忙下马向前施礼。不过，刘备认错了人。此人不是诸葛，而是诸葛的朋友崔州平。二顾茅庐，听到路边酒店中有人击桌而歌，吊古感今，非常人所能吟咏。刘备疑心卧龙就在里面，便下马入店，见二人对饮：一个白面长须，一个清奇古貌。刘备作揖问道："二公谁是卧龙先生？"这一次他又错了，这两人中没有谁是诸葛亮，他们是诸葛的朋友石广元和孟公威。到了庄上，看到草堂上一少年拥炉抱膝，吟咏歌唱。刘备待其歌罢，上堂施礼道："备久慕先生，无缘拜会。昨因徐元直称荐，敬至仙庄，不遇空回。今特冒风雪而来。得瞻道貌，实为万幸。"那少年连忙解释道，他不是卧龙，而是卧龙之弟诸葛均。他还告诉刘备，家兄出外闲游去了。或驾小舟游于江湖之中，或访僧道于山岭之上，或寻朋友于村落之间，或乐琴棋于洞府之内：往来莫测，不知去所。刘备无奈，只得留书一封，三致殷勤之意。正上马打算回去，忽见一人，暖帽遮头，狐裘蔽体，骑着一驴，后随一青衣小童，携一葫芦酒，踏雪而来。转过小桥，吟诗一首：

一夜北风寒，万里彤云厚。

长空雪乱飘，改尽江山旧。

仰面观太虚，疑是玉龙斗。

纷纷鳞甲飞，顷刻遍宇宙。

骑驴过小桥，独叹梅花瘦！

　　刘备料想，这次定是卧龙了，忙滚鞍下马，向前施礼。可是他还是错了！此人是卧龙的岳父黄承彦。

　　第三人称限知叙事手法可以产生两个效果。一是将几个松散的事组合在一起，使之看起来紧凑而富于戏剧性。在《三国演义》第三十七回中，农夫荷锄而歌，崔州平从山僻小路而来，石广元和孟公威凭桌对饮，路遇卧龙之弟诸葛均和卧龙的岳父黄承彦，情节之间并无因果联系，情节本身也颇为平淡，但由于采用了统一的第三人称限知视角，就将几个片段组成了一个密不可分的整体。二是增强了故事的神秘感，尤其是诸葛亮的神秘感。由于刘备在卧龙岗上是一个外来人，他不了解诸葛亮以及卧龙岗上的人、事、物，因此一切都成了雾花水月。模糊有其自身的价值，好莱坞电影界就惯以避免他们的明星在公众场合露面的做法来维护他们的魅力。"三顾茅庐"之于诸葛亮，也是尽量把他保持在模糊状态，以此来表现他的超常或不同寻常。

　　对刘备一次又一次的推测和误会，毛宗岗的评语打比方说，这就好像漫漫长夜里盼望曙光，看见灯光以为是曙光，看见月光也以为是曙光，看见星光又以为是曙光。又好像久旱盼雨，夜里听见风声以为要下雨，听见泉声以为下雨了，听见漏声以为雨来了。如同《西厢记》写的那样："风动竹声，只道金佩响；月移花影，疑是玉人来。"但这些都仅仅是"以为"，是"疑"，是推测，诸葛亮究竟是怎样一个人，在刘备心里，在读者心里，还是一个未解的谜，一个不知何时才能解开的谜。毛宗岗分析说，这一篇着力写诸葛亮，但诸葛亮并未正面出场。原来，善于写超常人物的作家，往往不在实处写，而在虚处写。写他如同闲云野鹤，踪迹不定，才给人远离尘世之感；写他如同威凤祥麟，难以目睹，才给人气象森严之感。

"三顾茅庐"，如同云散日出一样，难得诸葛亮这次没有出门。可这位卧龙还是不肯轻易露面，他大白天睡觉，让刘、关、张在外等了半天。醒来口吟一诗，到后堂更衣，又是半天，方整衣冠出来迎接客人。这时，我们才见到了大名鼎鼎的诸葛孔明：身长八尺，面如冠玉，头戴纶巾，身披鹤氅，飘飘然有神仙之概。

诸葛亮的出场仪式如此隆重，那种气象，在《三国演义》中，没有任何一个人能与之相提并论。

赤壁之战的虚虚实实

　　《三国演义》赤壁之战这个单元，是"民间的三国"最有代表性的部分。

　　赤壁破曹，究竟是刘备功大，还是孙权、周瑜功大？这一历史公案向有争议。但无可否认，从唐代起，在士大夫的诗文中，都视东吴为曹操的主要敌手，而周瑜则是这场大战的前线总指挥。盛唐李白《赤壁歌送别》写道：

　　　　二龙争战决雌雄，赤壁楼船扫地空。
　　　　烈火张天照云海，周瑜于此破曹公。

北宋苏轼《念奴娇·赤壁怀古》词写道：

　　　　故垒西边，人道是三国周郎赤壁。

南宋戴复古《赤壁》写道：

千载周公瑾，如其在目前。
英风挥羽扇，烈火破楼船。

有趣的是，连在《廿二史札记》中认定赤壁之战抗曹主力为刘备的清人赵翼，也在《赤壁》诗中写道：

乌鹊南飞无魏地，大江东去有周郎。

这说明，周瑜作为赤壁之战的主角，在唐代文人的心目中就已确定。《三国演义》是一部历史演义，尊重那些人所共知的历史事实，是叙事的一个基本前提。但"民间的三国"是偏爱刘、关、张和诸葛亮的，尤其偏爱"古今来名相中第一奇人"诸葛亮和"古今来名将中第一奇人"关羽。这样作者就面临着一个难题：在不能改变周瑜作为赤壁之战前线总指挥这一基本事实的前提下，如何才能把诸葛亮写得远比周瑜光彩夺目？从《三国演义》来看，作者的处理是相当巧妙的：他既没有抹煞周瑜作为前线总指挥的事实，又用舌战群儒、智激周瑜、蒋干中计、草船借箭、孔明祭风、义释曹操等一系列富于民间情趣的描写，成功地突出了刘备集团尤其是诸葛亮的形象，而对周瑜，则以漫画式的嘲笑消解了他的光彩。在许多读者的感觉中，周瑜比诸葛亮差多了，甚至他的功绩也可以忽略不计。

所谓"富于民间情趣的描写"，是说其人物的塑造和情节的展开，如果用史家的眼光来看，也许会说它不合情理；但如果着眼于它的风趣与机智，又不能不佩服民间艺术家的睿智和才情。

下面就从这个角度解读一下其中的几个主要情节。

必先驳倒了群儒，才能说服孙权吗？在此之前，孙权对张昭等人的降曹主张已经大失所望，而鲁肃的一番话正好说到了孙权的心坎上。鲁肃说：像我鲁肃这样的人如果降了曹操，还可以做个州郡长官；而将军你降了曹操，只能封侯，怎能实现南面称孤的宏愿呢？鲁肃的话促使孙权下定了抗曹的决心。后来诸葛亮谒见孙权时，为他分析了胜曹的必然性："豫州虽新败，然关云长犹率精兵万人；刘琦领江夏战士，亦不下万人。曹操之众，远来疲惫；近追豫州，轻骑一日夜行三百里，此所谓'强弩之末，势不能穿鲁缟'者也。且北方之人，不习水战。荆州士民附操者，迫于势耳，非本心也。今将军诚能与豫州协力同心，破操军必矣。操军破，必北还，则荆、吴之势强，而鼎足之形成矣。成败之机，在于今日。惟将军裁之。"诸葛亮的这番言论，更加坚定了孙权抗曹的决心。而本回的中心情节"诸葛亮舌战群儒"，对坚定孙权的抗曹决心不一定是必要的，它的作用主要是展示诸葛亮的

"三寸不烂之舌"，在气势上压住那帮主降的东吴群臣。

周瑜决心抗曹，是诸葛亮激出来的吗？周瑜评价张昭等人的降曹之计实是"迂儒之论"，他指出，曹操此次出兵，多犯兵家之忌："北土未平，马腾、韩遂为其后患，而操久于南征，一忌也；北军不熟水战，操舍鞍马，仗舟楫，与东吴争衡，二忌也；又时值隆冬盛寒，马无藁草，三忌也；驱中国士卒，远涉江湖，不服水土，多生疾病，四忌也。操兵犯此四忌，虽多必败。将军擒操，正在今日。"周瑜对曹军实力也有准确的估算，他对孙权说："主公因见操檄文，言水陆大军百万，故怀疑惧，不复料其虚实。今以实较之：彼将中国之兵，不过十五六万，且已久疲；所得袁氏之众，亦止七八万耳，尚多怀疑未服。夫以久疲之卒，御狐疑之众，其数虽多，不足畏也。瑜得五万兵，自足破之。愿主公勿以为虑。"这表明，周瑜抗曹之志甚坚，对胜曹也信心十足，用不着诸葛亮拿曹操大军南下是为了江东二乔这一话头去"激"。但就阅读效果来看，有了"智激周瑜"这一情节，诸葛对于周瑜的居高临下的智力优势便跃然纸上，文章才"真是好看煞人"（毛宗岗语）。"民间的三国"以其别出心裁的喜剧色彩，大大增加了《三国演义》的魅力。

曹操的事坏在蒋干一人吗？徐城北《梨园风景线·且说"一盆面浆"——〈群英会〉絮语之一》分析说："曹操统帅八十三万人马，正欲南渡长江，准备先扫东吴再灭刘备，最后实现一统霸业。曹操应该怎样分析形势和采取行动？对手——孙刘联盟——又应该怎样采取反行动？……想来历史上真进行这一场战争时，其斗争的策略和表现形态肯定会无比复杂而生动的。然而在《群英会》中，仿佛曹操八十三万人马的覆没，全坏在蒋干一人身上。他两次过江，两次上当——第一次盗书，致使曹操错杀水军将领，延误了进攻时机；第二次引荐庞统献上连环之计，致使曹军被烧得一塌糊涂。这样安排组织矛盾冲突，固然戏的层次比较清楚，固然也产生了相当浓郁的喜剧色彩，但历史真实性不能不让人有所怀疑。"徐城北所批评的《群英会》，其情节来自于《三国演义》第四十五回。他认为这一情节不具有历史解读的深度和合理性，当然是对的；不过，"民间的三国"与"历史的三国"关注的焦点本不相同，把历史喜剧化、传奇化才是其匠心所在。有了蒋干这一人物，《三国演义》第四十七回才如此有趣。

草船上的箭是诸葛亮"借"来的吗？据《三国志》注引《魏略》，建安十八年（213），孙权与曹操相拒于濡须。孙权乘大船视察时，曹操下令放箭。由于船的一面中箭太多，开始倾斜。孙权下令掉过头来，让另一面也受箭，这样船就平稳了。《三国演义》把这件事彻头彻尾地改造了一番，又以鲁肃的老实反衬诸葛亮的神机，不仅写出了诸葛亮的不可企及的智慧，也把周瑜的小肚鸡肠活灵活现展现了出来。

东风是诸葛亮祭来的吗？据《三国志》注引《江表传》，东吴火攻曹操时，确实是"东南风急"，这本属自然现象，与诸葛亮毫无关系。《三国演义》这样写，意在强化诸葛亮的不可或缺，并有效减轻了周瑜的分量：没有诸葛亮祭来的东风，你周瑜成得了事么？

曹操败走华容道，是关羽放走的吗？刘备曾派兵在华容道追赶曹操，这本是历史事实。据《三国志》裴松之注引《山阳公载记》：华容之役，备独追操；操走出华容之险，喜谓诸将曰："刘备吾俦也，但得计稍晚耳。"因此，不可能有关云长义释曹操这件事。元代《三国志平话》所写，亦不似有意放曹。而《三国演义》，则不仅强调关公是有意放曹，而且强调这是"义释"，成功地写出了关羽的"义绝"。

可以看到，整个赤壁之战中的著名情节几乎都来自"民间的三国"，突出的重心则是诸葛亮，而历史上起实质性作用的人物如周瑜，却在喜剧气氛中成为被嘲弄的对象。"民间的三国"在不改变基本历史格局和历史进程的前提下，把它喜欢的人物写得光彩照人，把它不喜欢的人物写得猥琐可厌，虽然情节逻辑不够"理性"，但自有一种独特的风趣和幽默。中国老百姓的"人心所向"，也呈现在这些风趣幽默的故事中。

说完了正题，还想附带回答一个问题："民间的三国"为什么如此厌恶周瑜？内在的原因是：他在战略上是反对与刘备联合的。

东吴内部，在处理和刘备的关系方面，一直存在两派。一是鲁肃所代表的鸽派，其基本思路是：东吴一方要独自对抗曹操，力有未逮，因而有必要与刘备联合；一是周瑜、吕蒙、陆逊等所代表的鹰派，其基本思路是，东吴一方可在现有基础上，先占荆州，再占益州，逐步形成与曹操势均力敌的态势，因而没有必要与刘备联合。历史上所谓"借荆州"的说法，其实是刘备对周瑜等人的思路甚为了解，为了避免他们过早对荆州下手，采取的一个缓兵之计，意思是：我迟早是要把荆州给你们东吴的，不必相煎太急。所谓"大意失荆州"，是说关羽对于东吴鹰派提防不够，终于导致了悲剧结局。关羽之死，以及由关羽之死所导致的吴蜀联盟破裂和蜀汉的衰亡，几乎是东吴鹰派直接造成的。"民间的三国"热爱刘、关、张和诸葛亮，凡在战略上主张与刘备联合的，比如鲁肃，作者就把他写得善良忠厚；凡在战略上与刘备不合作的，如周瑜、吕蒙，作者就把他们写得心地阴暗。周瑜是东吴鹰派的早期代表人物，知名度高，所以，"民间的三国"对他的加工力度也大。这些加工，当然不符合历史的事实，却也是老百姓情感倾向的表达。

君子之仕行其义也

西汉司马迁《史记·伯夷列传》在记叙了以身殉志的伯夷受挫遭难的事迹后，感叹道：

> 或曰："天道无亲，常与善人。"余甚惑焉，
> 傥所谓天道，是邪非邪？

北宋程颐、程颢《二程遗书》中有杨遵道笔录的关于程颐的一段话：

> 先生每读史到一半，便掩卷思量，料其成败，
> 然后却看有不合处，又更精思。
> 其间多有幸而成，不幸而败。今人只见成者便
> 以为是，败者便以为非。不知成者煞有不是，败者
> 煞有是底。

无论是司马迁，还是程颐，他们所关注的，都是这样一种社会生活情形：一个代表了正义事业的人可能并没有美满的结局。这种现象，孔子称之为天命。但孔子虽然承认天命，却并不认为应该顺从天命。在他看来，人的伟大不在于能够支配天命，而在于他可以为了信念而矢志不渝地与天命抗争，这就是所谓"知其不可而为之"，这就是所谓"尽人事而听天命"。

《三国演义》在诸葛亮出山之初就一再表明天命的不可逆转。刘备一顾茅庐，遇到诸葛亮的朋友崔州平，两人有过一段对话，不宜草草看过。刘备说："方今天下大乱，四方云扰，欲见孔明，求安邦定国之策耳。"崔州平笑道："公以定乱为主，虽是仁心，但自古以来，治乱无常。自高祖斩蛇起义，诛无道秦，是由乱而入治也；至哀、平之世两百年，太平日久，王莽篡逆，又由治而入乱；光武中兴，重整基业，复由乱而入治；至今两百年，民安已久，故干戈又复四起：此正由治入乱之时，未可猝定也。将军欲使孔明斡旋天地，补缀乾坤，恐不易为，徒费心力耳。岂不闻'顺天者逸，逆天者劳'、'数之所在，理不得而夺之；命之所在，人不得而强之'乎？"

崔州平的话，概括起来，无非是说："天下大势，分久必合，合久必分。""纷纷世事无穷尽，天数茫茫不可逃。"《三国演义》第一百零二回还用种种"征兆"来表明"天数"的不可挽回。诸葛亮养兵三年，准备第六次北伐。太史谯周向后主奏道："臣今职掌司天台，但有祸福，不可不奏。近有群鸟数万，自南飞来，投于汉水而死，此不祥之兆；臣又观天象，见奎星躔于太白之分，盛气在北，不利伐魏；又成都人民，皆闻柏树夜哭：有此数般灾异，丞相只宜谨守，不可妄动。"而诸葛亮的回答是："吾受先帝托孤之重，当竭力讨贼，岂可以虚妄之灾氛，而废国家大事耶！"置天象于不顾，偏要与天命抗争，这正是诸葛亮的卓越之处。

诸葛亮的这种精神，用《论语》的话说，就是："君子之仕也，行其义也。道之不行，已知之矣。"或如毛宗岗在《三国演义》第三十七回总评中所说："顺天者逸，逆天者劳。无论徐庶有始无终，不如不出；即如孔明尽瘁至死，毕竟魏未灭、吴未吞，济得甚事！然使春秋贤者尽学长沮、桀溺、接舆、丈人，而无知其不可而为之仲尼，则谁著尊周之义于万世？使三国名流，尽学水镜、州平、广元、公威，而无志决身歼、不计利钝之孔明，则谁传扶汉之心于千古？玄德之言曰：'何敢委之数与命！'孔明其同此心欤？"就人可以自觉地与天命抗争，为了正义事业而不计成败利钝而言，虽然失败，也是伟大的。

刘备去世后，蜀汉的事业无可挽回地走上了衰败之路。当年诸葛亮对策隆中，志在以荆州和益州为根据地，北上与曹操争锋，而荆州却已被东吴夺去；蜀汉与东吴，任何单独的一方都不足以与曹魏抗衡，所以必须结成联盟，才能维持三国鼎立的态势，而蜀、吴联盟也已破裂；蜀汉因僻处于一隅，人才本来就少，而关羽、张飞等老一辈已凋谢殆尽。在这种背景下，蜀汉士气低落，人心涣散，只有不断向曹魏展开攻势，才能维系人心士气，不致彻底瓦解；而这种攻势，事实上改变不了战略上的被动局面，不过是以局部的小胜延缓衰败的速度。然而，尽管时运不济，诸葛亮依然百折不挠地支撑着蜀汉。

大举北伐之前，诸葛亮给后主刘禅上了一道《出师表》，我们一般称为《前出师表》。《三国演义》收有一篇《仇国论》，可与《出师表》对看。《仇国论》是蜀汉中散大夫谯周写给准备伐魏的姜维的。他劝告姜维应该审时度势，不宜轻举妄动。从最终的结果看，谯周的告诫不无先见之明。但正如毛宗岗所说，谯周《仇国论》，不过以成败利钝为言罢了。他不作于武侯伐魏之时，而作于姜维伐魏之时，是因为武侯"非所逆睹"一语，已足以破之。假如人人都明哲保身，谁来竭尽愚忠？假如人人都尽知天数，谁来尽力人事？故后世有报国之志的人，愿读《出师表》，而不愿读《仇国论》。南宋陆游《书愤》诗写得好："《出师》一表真名世，千载谁堪伯仲间。"

《三国演义》第九十七回"讨魏国武侯再上表"收录了诸葛亮的《后出师表》。据《三国志·蜀书·诸葛亮传》裴松之注，"此表亮集所无，出张俨《默记》"。或疑为伪作。但那"鞠躬尽瘁，死而后已"的精神，确与诸葛亮人品相符。

为了蜀汉事业，诸葛亮南征北战，不是运筹帷幄，就是临阵督战，甚至"亲校簿书，自理细事，食少事烦，汗流终日"。部下关心他的健康，劝他不要过度劳累，他感慨地说："吾非不知，但受先帝托孤之重，惟恐他人不似吾尽心也。"司马懿得悉这种情形，对诸将说："孔明食少事烦，其能久乎？"果然，诸葛亮积劳成疾，病逝在伐魏前线的五丈原。《三国演义》第一百零四回"陨大星汉丞相归天"以遒劲的笔力写了诸葛亮临终时的情形：

> 孔明强支病体，令左右扶上小车，出寨遍视各营；自觉秋风吹面，彻骨生寒，乃长叹曰："再不能临阵讨贼矣！悠悠苍天，曷此其极！"

这是一个伟大的终结。诸葛亮的智慧，诸葛亮的名士风度，因为与其"知其不可而为之"的伟大人格结合，才具有千古之下犹令人敬慕的魅力。人格，是诸葛亮生命的基石。

唐人杜甫《蜀相》诗云：

> 丞相祠堂何处寻，锦官城外柏森森。
> 映阶碧草自春色，隔叶黄鹂空好音。

三顾频烦天下计，两朝开济老臣心。

出师未捷身先死，长使英雄泪满襟。

清人纪昀《阅微草堂笔记》卷一云：

> 一身之穷达，当安命，不安命则奔竞排轧，无所不至。不知李林甫、秦桧，即不倾陷善类，亦作宰相，徒自增罪案耳。至国计民生之利害，则不可言命。天地之生才，朝廷之设官，所以补救气数也。身握事权，束手而委命，天地何必生此才，朝廷何必设此官乎？晨门曰："是知其不可而为之。"诸葛武侯曰："鞠躬尽瘁，死而后已。成败利钝，非所逆睹。"此圣贤立命之学。

杜甫、纪昀所推崇的诸葛亮，是一个把握住了"圣贤立命之学"的先哲。"鞠躬尽瘁，死而后已"，正是这种知其不可而为之的儒家精神，这种不计成败利钝、矢志不渝地为正义事业奋斗的伟大人格，感动了和正在感动着一代又一代的人们。清人徐鼒《小腆纪年》记载过这么一件事：李定国起先与孙可望同为叛贼，有蜀人金公趾在李定国军中，多次讲述《三国演义》，斥孙可望为曹操，而期许李定国做诸葛亮那样的人。李定国大为感动，说："诸葛我不敢期望，但关羽、张飞、姜维，还是可以自勉的。"遂与孙可望分道扬镳。后来努力报国，殉身缅甸，为有明三百年来忠臣义士之殿。徐鼒因此感慨道：如果不是金公趾以诸葛亮等人的精神来感动他，怎么会有如此境界呢？

锦囊妙计

人们常说：事物的发展有必然性，也有偶然性，没有谁敢保证事情的下一步一定是这样，而不是那样。如果谁经常说"此事绝不出我所料"，人们一定会怀疑他是吹牛大王。但《三国演义》中的诸葛亮是个例外。事情的变化令人应接不暇，却总在诸葛亮的预料之中。

"锦囊妙计"便足以显示诸葛亮的神机妙算。在《三国演义》中，"锦囊妙计"只属于诸葛亮，即使是曹操、司马懿，他们也没有得到用"锦囊"的机会。

周瑜设计赚刘备来东吴入赘，以便挟持人质换取荆州。诸葛亮早知是计，仍要刘备过江招亲。在他看来，"周瑜虽能用计，岂能出诸葛亮之料乎！略用小谋，使周瑜半筹不展；吴侯之妹，又属主公；荆州万无一失"。诸葛亮究竟有何高招？几乎没有人知道。《三国演义》只是交代说：诸葛亮派了大将赵子龙随行，承担护卫之责，临行交给赵云三个锦囊，说里面有三条妙计，可依次而行。看来，妙计就在那锦囊里头了。

行到南徐，赵云打开了第一个锦囊。原来第一条妙计是这样的：一是教刘备拜见乔国老——这乔国老是著名的姊妹花二乔的父亲，吴国太的亲家公——目的是打通这位重量级人物的关节；二是命随行五百军士，披红挂彩，进城买办物件，把刘备入赘东吴一事，传得满城皆知——目的是让国太知道孙权、周瑜竟然以她的宝贝女儿为名，用美人计，这怎能不让老人家大惊、大哭、大怒、大骂？招亲的人已经来了，天下都知道这事儿了，面子要紧，只好安排相亲。孙权本来只想应付一下国太，谁知刘皇叔还真中了国太的意，加上乔国老在一旁极力称道刘备有"龙凤之姿、天日之表"，老太太自然心花怒放。结果周瑜之计弄巧成拙，刘备真的成了吴国太的乘龙快婿。这正是诸葛亮想要的结果。

周瑜一计不成、又生一计。他修了一封密书给孙权，说："刘备以枭雄之姿，有关、张、赵云之将，更兼诸葛用谋，必非久屈人下者。愚意莫如软困之于吴中：盛为筑宫室，以丧其心志；多送美色玩好，以娱其耳目；使分开关、张之情，隔远诸葛之契——各置一方，然后以兵击之，大事可定矣。今若纵之，恐蛟龙得云雨，终非池中物也。愿明公熟思之。"孙权大喜，即日修整东府，广栽花木，盛设器用，请刘备夫妇在内度蜜月。还给他们配备了女乐数十人，以及金玉锦绮玩好之物。刘备从来没有享受过如此奢华的生活，果然陶醉于其中，到了年终都不想回荆州。赵云焦急，猛然想起军师的第二个锦囊，拆开一看，果然有"神出鬼没之计"。他连忙求见刘备，作失惊之状，称诸葛亮派人来报，说曹操要报赤壁鏖兵之恨，起精兵五十万，杀奔荆州，情势危急。这一招果然有效，一下子惊醒了刘备的粉红色之梦。

刘备和孙夫人以"江边祭祖"为名，急赴荆州。行到柴桑界首，被周瑜的三千军马拦住去路，后面孙权的追兵又到，不由得刘备不慌。这一次，倒是赵云一点也不忙乱，因为他有军师的第三个锦囊。拆开一看，刘备便有了主意。他忙向孙夫人哭诉道："备有心腹之言，至此尽当实诉。"夫人要他明说，于是刘备告诉她：吴侯将夫人招嫁刘备，本非为夫人着想，而是想幽困刘备以夺荆州。夺了荆州，必将杀备，夫人只不过是钓刘备的香饵而已。备之所以不惧万死而来，是因为知道夫人有男子之胸襟，必能怜备。这次实是因为吴侯将欲加害，所以不得不托荆州有难，以图归计。幸得夫人不弃，同至于此。此刻吴侯令人在后追赶，周瑜又派人在前阻拦，只有夫人才能解除此祸。如夫人不允，备请死于车前，以报夫人之德。孙夫人听了，果然怒道："吾兄既不以我为亲骨肉，我有何面目重相见乎！今日之危，我当自解。"于是当面怒斥徐盛、丁奉二将，又把周瑜大骂一场，前来追赶的陈武、潘璋二将，同样被骂得狗血淋头。想想看，孙夫人乃吴侯之妹，那些东吴将士，谁敢惹她？只好送个顺水人情。于是刘备一行人马顺利回到荆州。

从上面的情节看来，诸葛亮的那三条计策，看来神奇，其实也合情合理，假如撇开锦囊，照样可以实施，而且实施得更加自然。只是，"民间的三国"要的不是自然，而是神奇。把妙计装在锦囊里，这便有了几许法宝的意味，可以制造出引人入胜的悬念效果，可以带给读者更多"拍案惊奇"的快感。

比较而言，《三国演义》第九十九回的锦囊妙计，就显得平实一些。

诸葛亮派张翼、王平分头抵挡司马懿追兵，明知二人敌不过，仍令他们死战，并补上一句："吾自有别计相助。"二人受计引兵而去。诸葛亮又唤姜维、廖化，给他们一个锦囊，要二人引三千精兵，偃旗息鼓，伏于前山之上。等魏兵围住王平、张翼，情势危急之时，拆开锦囊，自有解危之策。二人也受计引兵而去。

王平、张翼果然被司马懿精兵包围。张翼大呼："丞相真神人也！计已算定，必有良谋。吾等当决一死战！"立即兵分两路，两头死战，叫杀连天。但魏兵势大，蜀兵力危，渐渐抵挡不住。这时，在山头上观望的姜维、廖化拆开锦囊，上面写着："若司马懿兵来围王平、张翼至急，汝二人可分兵两枝，竟袭司马懿之营；懿必急退，汝可乘乱攻之。营虽不得，可获全胜。"二人大喜，立即分兵两路，袭击魏军营寨。司马懿知大寨被袭，提兵急回，蜀兵乘势掩杀，大获全胜。

这一段写得真好。好在哪儿呢？一是张翼尽管被司马懿精兵围困，但士气不衰，原因是诸葛亮事先告诉了他"自有别计相助"，张翼因而有了底气。二是诸葛亮并未"料定"司马懿会围困王平、张翼，而只是推测有这种可能性，事先准备了应急预案。事态的发展不出所料，他的计策被实践证明是成功的。

与"锦囊妙计"有异曲同工之妙的还有"如此如此"的讲述方式。比如第七十一回，蜀军攻打定军山，赵云、刘封、孟达等人皆领命去了。诸葛亮又授计与马超，令他"如此而行"。究竟马超领了什么计策，《三国演义》直到第七十三回才交了底：曹操退兵到斜谷，孔明料他必定弃汉中而走，于是派了马超等诸将，不时攻劫，因此曹操不能久住。又如第七十二回，诸葛亮请刘备亲渡汉水，背水结营。刘备问计，诸葛亮说："可如此如此。"直至大败曹军，读者才得知诸葛亮的算计："曹操平生为人多疑，虽能用兵，疑则多败。我以疑兵胜之。"

可以看出，所谓"如此如此"，就是故意封锁信息。不但读者起初弄不清诸葛亮的计谋，有时连作战指挥官对战术全局都不甚了然。且看第八十八回的一个情节：

　　孔明正在帐中与马谡、吕凯、蒋琬、费祎等共议平蛮之事，忽帐下一人，报称孟获差弟孟优来进宝贝。孔明回顾马谡曰："汝知其来意否？"谡曰："不敢明言。容某暗写于纸上，呈与丞相，看合钧意否？"孔明从之。马谡写讫，呈与孔明。孔明看毕，抚掌大笑曰："擒孟获之计，吾已差派下也。——汝之所见，正与吾同。"遂唤赵云入，向耳畔分付如此如此；又唤魏延入，亦低言分付；又唤王平、马忠、关索入，亦密密地分付。各人受了计策，皆依令而去。

　　如果要用史家的眼光加以审视，这类情节当然是经不住推敲的。首先，像"平蛮"这样的重大决策，诸葛亮怎么会一句都不跟赵云、魏延等人商量？其次，赵云、魏延等人对兵力部署的全局并不了解，只知道自己要干什么，如此"单干"，怎能随机应变，相机行事？但是如果从讲故事的角度看，锦囊妙计和"如此如此"的讲述方式，确实让故事更加精彩，更加神奇。这就是悬念的魅力。所以，像这一类情节，我们是不宜老拿现实的逻辑去套的。故事自有故事的讲法。

　　正是由于锦囊妙计和"如此如此"的讲述方式可以让故事更富传奇色彩，而《三国演义》又不希望别的人物可以在传奇性上与诸葛亮相提并论，所以，《三国演义》写曹操、郭嘉、荀彧、贾诩、陆逊、周瑜等人用计，大都说得明明白白，而不愿意设置悬念。比如第三十回"劫乌巢孟德烧粮"：

　　（操）教荀攸、贾诩、曹洪同许攸守大寨，夏侯惇、夏侯渊领一军伏于左，曹仁、李典领一军伏于右，以备不虞。教张辽、许褚在前，徐晃、于禁在后，操自引诸将居中：共五千人马，打着袁军旗号，军士皆束草负薪，人衔枚，马勒口，黄昏时分，望乌巢进发。是夜星光满天……

　　却说曹操领兵夜行，前过袁绍别寨，寨兵问是何处军马。操使人应曰："蒋奇奉命往乌巢护粮。"袁军见是自家旗号，遂不疑惑。凡过数处，皆诈称蒋奇之兵，并无阻碍。及到乌巢，四更已尽……

一切都是明明白白的。由于读者对事件的过程自始至终了如指掌，自然就少了一些神秘意味。由此可以进一步体会出锦囊妙计和"如此如此"的讲述方式的魅力所在：它也许不符合现实的逻辑，但却热闹有趣。"民间的三国"常常以其热闹有趣的故事令我们爱不释手。

千秋仰义名

关羽是《三国演义》中最具风采的人物之一。对这位"古今来名将中第一奇人"，作者的崇敬之情仅次于诸葛亮，一般不直呼其名，而是称其字"云长"，或者尊称"关公"。

关羽在历史上以勇武著称，在《三国演义》中，关羽的勇武仍是重点描绘的性格侧面，"温酒斩华雄""斩颜良、文丑""单刀赴会""刮骨疗毒"等情节向来脍炙人口。"温酒斩华雄"是关羽的一次光彩照人的亮相。董卓部下勇将华雄扼守汜水关，构成盟军的心腹之患：先是斩了鲍信之弟鲍忠，继而打败盟军先锋孙坚，接着又势不可挡地到盟军寨前挑战，连斩袁术部将俞涉和韩馥部将潘凤。众诸侯大惊失色，倒是身为马弓手的关羽挺身而出，奋勇请战，片刻之间便斩了华雄。第二十五回写白马之战，也致力于渲染关羽的勇武。袁绍大将颜良连斩曹操部将宋宪、魏续；勇将徐晃出战，斗了二十合，也败归本阵。就在"诸将慄然"，曹操"心中忧闷"之时：

> 关公起身曰："某虽不才，愿去万军中取其首级，来献丞相。"张辽曰："军中无戏言，云长不可忽也。"关公奋然上马，倒提青龙刀，跑下山来，凤目圆睁，蚕眉倒竖，直冲彼阵。河北军如波开浪裂，关公径奔颜良。颜良正在麾盖下，见关公冲来，方欲问时，关公赤兔马快，早已跑到面前；颜良措手不及，被云长手起一刀，刺于马下。忽地下马，割了颜良首级，拴于马项之下，飞身上马，提刀出阵，如入无人之境。河北兵将大惊，不战自乱。

关羽的本领高强，主要是通过他杀敌时间短促、动作干净利落来表现的。

关羽的勇武也体现在"单刀赴会"等情节中。第六十六回，关羽以大无畏的英雄气概，赴东吴之约，在充满杀机的环境里谈笑自若，随机应变，一面让周仓发出接应信号，一面挟持鲁肃来到江边，安然坐舟返回，使东吴方面的精心策划化为泡影。那种气度，那种风采，在《三国演义》中几乎无人可比。

关羽的勇武还表现在他有超出常人的坚强意志。"刮骨疗毒"是读者熟知的经典情节。第七十五回，关羽中了曹仁的毒箭，"毒已入骨，右臂青肿，不能运动"，名医华佗提出这样的治法：把关羽的臂膀捆在柱子上的铁环中，用被蒙头，再用尖刀刮去骨上的剧毒。关羽笑道："何用柱环？"一边下棋，一边伸出胳膊令华佗医治。"佗乃下刀，割开皮肉，直至于骨，骨上已青；佗用刀刮骨，悉悉有声。帐上帐下见者，皆掩面失色。公饮酒食肉，谈笑弈棋，全无痛苦之色。"能够谈笑自若地承受常人所无法忍受的痛苦，难怪后代要奉关羽为神明了。

在勇武之外，关羽的超群逸伦，尤其表现在他的"忠"和"义"上。

毛宗岗《读三国志法》将关羽的"忠""义"概括为两句话："独行千里，报主之志坚；义释华容，酬恩之谊重。""报主"表现的是"忠"，就他与刘备的关系而言，"挂印封金""过五关斩六将"等情节，就是写他的这一性格侧面；"酬恩"表现的是"义"，就他与曹操的关系而言，"华容道义释曹操"就是写他的这一性格侧面。

与写"报主"之"忠"相比，"民间的三国"中更富于生气、更为感人的似乎还是写关羽的"酬恩"之"义"。在"华容道义释曹操"一节里，关羽的"义"外化为一种复杂的、充满人情味的英雄气度，超越了政治利益和个人生死（关羽与诸葛亮立有军令状）的考虑。当关羽率领的五百校刀手挡住去路时，曹操"止有三百余骑随后，并无衣甲袍铠整齐者",人困马乏,毫无斗志。在此绝境下,曹操只得动之以情,软语央告。此时的关羽,置身于一种典型的悲剧情境中。从忠于汉室、忠于刘备的立场来看,曹操是图谋篡逆的"汉贼",绝不能放过;但从个人关系来看,曹操又是关羽的人生知己,恩深义重,他愿意用自己的生命来回报:

> 云长是个义重如山之人,想起当日曹操许多恩义,与后来五关斩将之事,如何不动心?又见曹军惶惶,皆欲垂泪,一发心中不忍。于是把马头勒回,谓众军曰:"四散摆开。"这个分明是放曹操的意思。操见云长回马,便和众将一齐冲将过去。云长回身时,曹操已与众将过去了。云长大喝一声,众军皆下马,哭拜于地。云长愈加不忍。正犹豫间,张辽纵马而至。云长见了,又动故旧之情,长叹一声,并皆放去。

毛宗岗回前总评认为,曹操的确是个大奸大恶、得罪朝廷、得罪天下的人,但他始终把关羽当国士来对待,不愧为关羽的知己。因此,别人杀曹操,那是为朝廷斩贼;关羽杀曹操,那是杀他的知己。杀自己的知己,这是关羽宁死也不会做的。毛宗岗说得很对。关羽丧失了"原则性",却成就了其"义"的人格。所以,嘉靖元年本《三国志通俗演

义》这样颂扬关羽："彻胆长存义，终身思报恩。"毛宗岗
在其修改本中也称赞道："拼将一死酬知己，致令千秋仰义
名。""华容道义释曹操"为塑造关羽这个"义绝"的人格
典范写下了最浓重的一笔。关羽的"义绝"，与诸葛亮的"智
绝"、曹操的"奸绝"，鼎足而三。

《三国演义》写关羽的"忠""义"、勇武，也不忘记
渲染他的光明磊落，胸怀坦荡。身在曹营的关羽千方百计打
听兄长下落，一日得到刘备书信，虽急着回到兄长身边，但
不愿背着曹操离开。他的人际交往原则是光明磊落，一定要
来去明白："人生天地间，无终始者，非君子也。吾来时明
白，去时不可不明白。"曹操深知关羽，故意躲避不见。关
羽一连去了数次，见不到面，只好写信辞谢，"一面将累次
所受金银，一一封置库中，悬汉寿亭侯印于堂上，请二夫人
上车……率领旧日跟随人役，护送车仗，径出北门"。连曹
操也赞叹他："不忘故主，来去明白，真丈夫也。"亦即毛
宗岗《读三国志法》所称道的："作事如青天白日，待人如
霁月光风。"

关羽的儒雅风度也为《三国演义》所关注。那一缕美髯，
那酒后绰髯、凭几读《左传》的神态，千载之下犹令人向慕！
第二十七回，受命谋杀关羽的胡班，曾在极为特殊的情境中
打量关羽：

> 胡班潜至厅前，见关公左手绰髯，于灯下凭几
> 看书。班见了，失声叹曰："真天人也！"

关羽的涵养和风采引起暗杀者赞叹，命运由此发生逆转：暗杀者成为救助者，关羽得以跳出陷阱，死里逃生。也许有必要指出，除了关羽和诸葛亮，《三国演义》对其他人物很少表现出铺叙外在风采的兴趣。

在民间，关公是影响最大的民俗神，"孔庙""文庙"远不如"关庙""武庙"多。关庙遍天下，香火满人间，这是《三国演义》传播接受史上极为重要的一个事实，也是我们解读《三国演义》的一个重要参照。他是老百姓所崇敬的神明。

"掌故的三国"

清初毛宗岗修订《三国演义》，他有意增加了大量从《世说新语》这一类笔记选取的掌故。这些掌故，虽然与三国时期的政治风云往往并无直接的联系，看似游离了《三国演义》的主旨，但却意味深长地表达了明清之际士大夫文人的历史感慨，丰富了《三国演义》的内涵。

且看其中的几个掌故。

第二十二回，陈登向刘备提到郑玄，《三国演义》于是插入了这几件轶事：

> 郑康成名玄，好学多才，尝受业于马融。融每当讲学，必设绛帐，前聚生徒，后陈声妓，侍女环列左右。玄听讲三年，目不邪视，融甚奇之。及学成而归，融叹曰："得我学之秘者，惟郑玄一人耳！"
>
> 玄家中侍婢俱通《毛诗》。一婢尝忤玄意，玄

命长跪阶前。一婢戏谓之曰："胡为乎泥中？"此
婢应声曰："薄言往愬，逢彼之怒。"其风雅如此。

事出《世说新语·文学》，意在呈现郑玄的名士风流，
与《三国演义》所展现的百年历史纷争当然没有直接关系。
再如第十一回介绍孔融：

自小聪明，年十岁时，往谒河南尹李膺，阍人
难之。融曰："我系李相通家。"及入见，膺问曰：
"汝祖与吾祖何亲？"融曰："昔孔子曾问礼于老
子（按：老子姓李名耳），融与君岂非累世通家？"
膺大奇之。少顷，太中大夫陈炜至。膺指融曰："此
奇童也。"炜曰："小时聪明，大时未必聪明。"
融即应声曰："如君所言，幼时必聪明者。"炜等
皆笑曰："此子长成，必当代之伟器也。"

事出《世说新语·言语》，与《三国演义》所展现的百
年纷争也没有直接关系。
又如第一百零七回，夏侯霸向姜维介绍魏国的两个可畏
的后生，锺会和邓艾：

（锺会）字士季，太傅锺繇之子，幼有胆智。

缫曾率二子见文帝，会时年七岁，其兄毓年八岁。毓见帝惶惧，汗流满面。帝问毓曰："卿何以汗？"毓对曰："战战惶惶，汗出如浆。"帝问会曰："卿何以不汗？"会对曰："战战栗栗，汗不敢出。"帝独奇之。及稍长，喜读兵书，深明韬略，司马懿与蒋济皆奇其才。

艾为人口吃，每奏事必称"艾……艾……"。懿（司马懿）戏谓曰："卿称艾艾，当有几艾？"艾应声曰："'凤兮凤兮'，故是一凤。"其资性敏捷，大抵如此。

事出《世说新语·言语》。有意味的是，夏侯霸跟姜维谈论的是关系到蜀国存亡的重要话题，不会津津于日常琐事。让夏侯霸谈论那么多的掌故，不过是毛宗岗喜爱掌故的作风在叙事中的表现。喜爱掌故，并因此写出了一个"掌故的三国"，《三国演义》就不是只有金戈铁马，而是在肃杀的刀光剑影中透出几分徐行缓步的气象。

《三国演义》的最后一回依然津津于轶事的罗列。例如叙羊祜在军中，常穿轻裘，系宽带，不披铠甲，帐前侍卫也不过十来人。他死后，无论是南州百姓，还是江南守边将士，都悲伤而泣。襄阳人想起羊祜在世时，常到岘山游玩，便在这儿建庙立碑，四时祭祀。路过者见了碑文，都感伤落泪。

所以，此碑名叫"堕泪碑"。又叙杜预为人，老成练达，好学不倦，最爱读左丘明《春秋传》。平时随身携带，外出也让仆人带着。时人称他有"《左传》癖"。

关于"掌故的三国"，毛宗岗的回前总评有这样几句说明：《三国演义》写两军相持，斗智斗勇，令人感觉荆棘成林，风云眩目。忽然夹入一段轻松的掌故，令人气定神闲，耳目顿易。感觉险道化为康庄，兵气销为日月。毛宗岗的回评说出了他的阅读感受，我们则想就他的阅读感受做进一步的诠释。

掌故风味的意义与中国古典的咏史诗有相通之处。中国古典的咏史诗，时常感慨人世的沧桑和山水的永恒。无论多么显赫的历史人物和历史事件，与自然相比，都是短暂的。初唐王勃的《滕王阁》诗说："阁中帝子今何在？槛外长江空自流。"中唐白居易的《灵岩寺》诗说："馆娃宫畔千年寺，水阔云多客到稀。闻说春来更惆怅，百花深处一僧归。"北宋苏轼的《法惠寺横翠阁》诗说："百年兴废更堪哀，悬知草莽化池台。"无不弥漫着一种令人惆怅的幻灭感。

这里应该提及苏轼的《前赤壁赋》。苏轼不仅写出了因人世沧桑与山水永恒的巨大反差而产生的幻灭感，还写出了一个心智卓越的人，面对这种幻灭感所选择的人生态度。当苏轼和友人泛舟江上，在悲凉的箫声中心有所动时，他们谈论的是这样一个话题："月明星稀，乌鹊南飞"，这不是曹操的诗吗？想当年，他破荆州，下江陵，顺流而东，舳舻千里，旌旗蔽空，酾酒临江，横槊赋诗，何等英雄！如今他在何处呢？"大江东去，浪淘尽，千古风流人物。"他早已消失在无穷无尽的岁月之流中了。连曹操这样的伟人尚且抗拒不了人生无常的悲剧，何况我们这样的"渔樵于江渚之上，侣鱼虾而友麋鹿"的寻常百姓呢？短促有如蜉蝣寄生于天地之间，渺小有如粟米依存于大海之中，人是多么的卑微。但接下来，苏轼提出了另一种衡量人生价值的尺度。"客亦知夫水与月乎？"水虽然流去，水还是水；月亮虽然时圆时缺，月亮还是月亮。从变动的一面看，天地间的万事万物没有一刻工夫能保持原样；从不变的一面看，则外物与我都不会消失。人以自然的方式对待自然，就能最终融入自然，成为宇宙的一部分。苏轼所选择的，就是一种具有掌故风味的人生态度。的确，人生的最高境界并不在于功成名就，恬淡闲适的隐逸情调是比刀光剑影的杀伐征战更能提高人的尊严和生命意识的。"会将一副寒蓑笠，来与渔翁作往还。"陶然于清风明月之间，这是人类走向永恒的途径。

在毛宗岗生活的清初顺治、康熙年间，幻灭感是弥漫在汉族士大夫文人中的一种剪不断、理还乱的时代情绪，在他们的内心深处，横亘着一片精神的废墟：他们以为至少还可以延续一百年的大明王朝，却突然瓦解，他们视为神圣的"夷夏大防"观念，也受到现实的嘲弄。不是一般意义上的盛衰无常，而是一种文明的盛衰无常。这种幻灭感在所有的文体中都有深切的表现。在词中，有陈维崧的《点绛唇·夜宿临洺驿》，更有朱彝尊的《卖花声·雨花台》：

> 衰柳白门湾，潮打城还。小长干接大长干。歌板酒旗零落尽，剩有渔竿。　秋草六朝寒，花雨空坛。更无人处一凭栏。燕子斜阳来又去，如此江山！

在戏曲中，有《长生殿》第三十八出《弹词》，更有《桃花扇》续四十出《余韵》。且听《余韵》那段归结全剧的唱词：

> （丑扮渔翁）［离亭宴带歇指煞］俺曾见金陵玉殿莺啼晓，秦淮水榭花开早，谁知道容易冰消。眼看他起朱楼，眼看他宴宾客，眼看他楼塌了。这青苔碧瓦堆，俺曾睡风流觉，将五十年兴亡看饱。那乌衣巷不姓王，莫愁湖鬼夜哭，凤凰台栖枭鸟。残山梦最真，旧境丢难掉，不信这舆图换稿。诌一套哀江南，放悲声唱到老。

并非偶合，毛宗岗修订《三国演义》这部直接描写政治格局变动的历史演义时，他也以一首吊古词开篇：

滚滚长江东逝水，浪花淘尽英雄。是非成败转头空：青山依旧在，几度夕阳红。　白发渔樵江渚上，惯看秋月春风。一壶浊酒喜相逢：古今多少事，都付笑谈中。

这首词出自明代杨慎所著《历代史略十段锦词话》（后改称《廿一史弹词》）的第三段。明代刻本《三国志通俗演义》原无此词。毛宗岗评改《三国演义》，特意将它放在卷首，旨在以吊古伤今的情调笼罩全书。那些英雄人物，那些血雨腥风，都随着时间的流逝而消散殆尽了，剩下的只有那亘古不变的青山夕阳、秋月春风。拿"滚滚长江东逝水"这首吊古词与苏轼的《前赤壁赋》对读，对于毛宗岗何以热衷于掌故，可以获得更加深切的理解。

古代的笔记常是老来"幽居以养静"的产物。人生大体包括三个阶段：少年游侠，中年游宦，晚年游仙。所谓游仙，其实就是"幽居以养静"，就是在掌故的情调中怡情养性。"掌故的三国"，所表达的正是这样一种谈笑话沧桑的态度。与通常的"幽居以养静"有所不同的是，《三国演义》的掌故风味还隐含着几许时代的感伤。

第二讲

《水浒传》

《水浒传》综述

　　《水浒传》的作者，一般认为是施耐庵，其主要依据是明嘉靖（1522—1566）间人高儒的《百川书志》："《忠义水浒传》一百卷，钱塘施耐庵的本，罗贯中编次。"罗贯中是施耐庵的合作者，罗是元末明初人，这间接证明了施耐庵的生活年代。

　　《水浒传》的通行本均为繁本，以其回目的多少作为区分标准，主要有百回本、百二十回本和七十回本。其主要区别是，七十回本（即金圣叹评改本）的故事至"梁山泊英雄惊恶梦"结束，无招安以后的情节；百回本除了包含七十回本的所有故事外，还有受招安、征辽、征方腊的情节；百二十回本除了包含百回本的所有故事外，还有征田虎、征王庆的情节。这三种版本中，百回本较为接近《水浒传》原著的面貌；至于征辽情节是否为原本所有，学术界存在较大争议。简本和繁本的区别，不在于回目的多少，而在于描写的详略、文辞的繁简。

《三国演义》《水浒传》和《西游记》，这三部名著都与宋元时代的说话有渊源关系，但情况有所不同。《三国演义》是由讲史话本演变而来，《西游记》是由说经话本演变而来；《水浒传》的情形较为复杂：宋代的水浒故事起初属于宋代说话四家中的"小说"，南宋末年以《大宋宣和遗事》中的"梁山泺（pō）聚义本末"（鲁迅语）为标志纳入了"讲史"框架。换句话说，《水浒传》是一部以"讲史"为框架、汇集"小说"话本而创作出来的长篇小说。这一特殊的成书过程造成了其题材和内涵的复杂性。

宋元时代的水浒故事，一方面写了本来意义上的绿林好汉和豪侠义士，并以豪侠作为其关注重心，另一方面又借以表达了对社会政治的批判。例如，《大宋宣和遗事》的"梁山泺聚义本末"，就已烙印上了士大夫文人批判现实政治的痕迹：一方面经由结构的安排寓"乱自上作"之意，先写宋徽宗的荒淫，再写方腊造反；先写皇帝重用童贯等人，再写宋江等人落草；另一方面反复说明宋江等乃"不得已而落草"，是"广行忠义，殄灭奸邪""助行忠义，卫护国家"的仁义之盗，都显示了批判现实政治的用意。《水浒传》成书时也照此办理，兼容二者。小说开篇即写高俅对王进和林冲的迫害，正是从社会批判的角度出发，强调"乱自上作""官逼民反"。而豪侠的生活世界更为作者所钟情，鲁智深、武松、杨志、李逵、石秀等人的故事，构成了《水浒传》的主体内容。

《水浒传》以"梁山泊英雄排座次"为坐标，可以分为前后两个部分。前面部分更多关注水浒英雄的个人命运，其中的若干主要人物如鲁智深、武松、宋江、林冲等都有其具有相对独立性的传记，作者采用"列传"的方式将这些传记连缀在一起。后面部分集中写招安和征方腊的情节，以事件为主，再没有出现英雄的个人传记。从纯艺术的角度来看，这种结构形式是有矛盾的：前面以人物为中心，后面以事件为中心，两者的差异清晰可见。正是鉴于这一情形，明末清初的金圣叹删掉了招安之后的情节，保留以豪侠义士为中心的部分，其结构形式更为统一，因而成为清初以来最流行的本子。不过，金圣叹腰斩《水浒传》，也导致了《水浒传》内容上的显著缺憾。接受招安后的宋江义军，他们以惨重牺牲为朝廷建立了巨大功勋，却备受猜疑和迫害，这是极具政治批判意义的一组情节，却因金圣叹的腰斩而被抹煞了。以较为接近原著的百回繁本和金圣叹的删改本比较，我们对百回繁本的内容可以获得较为深入的认识。

与源于说话四家之"讲史"的《三国演义》相比，源于说话四家之"小说"的《水浒传》，在艺术上尤以细节描写和悬念技巧的生活化见长。

《三国演义》曾写到"燕颔虎须"的张飞。所谓"燕颔"，即李商隐《骄儿诗》说的"或谑张飞胡"的"胡"，指颔下下垂的肉。甚至在唐代，民间讲说的三国故事就已将张飞的"胡"描摹得别具情致，生动有趣，以至李商隐五岁的儿子和他的小伙伴们，听了故事后也会"谑张飞胡"。但《三国演义》中涉及张飞的情节，却没有一处曾利用他的这一外部特征来构成喜剧情节。这表明，三国故事在文人改编时，已在很大程度上割断了说话艺术的传统。比较起来，《水浒传》具有远为细腻的写实品格。例如鲁智深，他初出场时，作品写道："只见一个大汉大踏步竟入来，走进茶坊里。史进看他时……生得面圆耳大，鼻直口方，腮边一部络腮胡须。身长八尺，腰阔十围。"（第三回）此后，《水浒传》即不断抓住他的"胖""大"的外形特征构成富于个性的细节，如第五回"花和尚大闹桃花村"、第八回"鲁智深大闹野猪林"。

无论是《三国演义》，还是《水浒传》，对悬念的兴趣都与民间说话的影响有关。但《三国演义》仅仅在表现诸葛亮时使用悬念技巧，目的是把他塑造成为神奇莫测的人物，这就造成了《三国演义》悬念手法的非生活化倾向。与此形成对照，《水浒传》中的悬念并非某一人物的专利，英雄传奇作者对悬念的兴趣建立在纯粹的小说家心态之上，这就造成了《水浒传》悬念手法的广泛采用和生活化倾向。

《三国演义》制造悬念的方式主要有二：一是锦囊妙计，如第一百零五回"武侯预伏锦囊计"；二是用"耳畔分付"

的方式来宣布作战方案，即所谓"如此如此"。这两种方式，都不是生活当中的真实情形，而只是一种讲故事的技巧。《水浒传》也注重悬念的设计，但不再采用锦囊妙计和"如此如此"的方式，而是泯除了技巧的痕迹，从而在艺术上臻于更高的境界。比如第二十八回"武松威震安平寨，施恩义夺快活林"。武松为兄长报仇，杀了西门庆、潘金莲等人，被刺配孟州。来到牢城营，因武松不肯托人情，还口口声声与差拨抬扛，牢友们都料定他"晚间必然"被"结果"：

> 众人说犹未了，只见一个军人，托着一个盒子入来，问道："那个是新配来的武都头？"武松答道："我便是，有甚么话说？"那人答道："管营叫我送点心在这里。"武松看时，一大旋酒，一盘肉，一盘子面，又是一大碗汁。武松寻思道："敢是把这些点心与我吃了，却来对付我？我且落得吃了，却又理会。"

武松的想法也是读者的想法，读者确实以为，这顿饭之所以丰盛，是因为武松马上就要被处决了，管营的意思是让他做个饱鬼。然而，武松和读者都预料错了。到了晚上，并没有谁来结果武松，倒是"头先那个人，又顶一个盒子入来"，好肉、好鱼、好酒的招待；不多时，又送热水来洗澡。武松以为洗澡后会被害死，却又并不。第二天请他搬家，武松以为是去土牢，却是一个干干净净的去处。中午、晚上仍是盛情款待。

> 武松心里忖道："由他对付我，我且落得吃了。"
> 到晚，又是许多下饭，又请武松洗浴了，乘凉歇息。
> 武松自思道："众囚徒也是这般说，我也这般想，却是怎地这般请我？"

确实，不仅众囚徒百思不得其解，武松也百思不得其解；不仅武松百思不得其解，读者也百思不得其解。瞒住武松是表面的现象，瞒住读者才是用意所在。成功地瞒住读者，引发读者的牵挂和往下读的欲望，这就是悬念要起的作用。《水浒传》有意瞒住读者，却又没有故意设置悬念的痕迹，而仿佛是在顺其自然地展示生活，这是一种不易达到的境界。

《水浒传》在人物形象的塑造上也取得了杰出成就。《水浒传》善于写出人物之间的区别，即使是性格相近的人物，也能写得个性分明。作者特别擅长同中见异的对比方法。例如，宋江、杨志、林冲同属被逼上梁山的好汉，而三人的区别何等鲜明；武松、鲁智深、李逵同属天不怕、地不怕的好汉，而又各有其独特性情。《水浒传》人物塑造的卓越之处，令金圣叹这个眼光极高的评点家也忍不住大加赞叹。《水浒传》还善于从发展变化中刻画人物，不仅合情合理地写出人物性格变化的环境、经历和遭遇，还能将变化了的人物性格生动准确地展现出来。林冲、杨志、宋江都是这方面的典型例证。

　　《水浒传》是我国第一部以北方方言为基础的白话长篇小说。《水浒传》在语言运用上的这种优势，表现在叙述上，以明快、风趣见长，常常有评书的诙谐和节奏感；表现在描写上，以生动、准确见长，显示出精细的观察力和卓越的表现力，比如第十回"那雪正下得紧"一句，正如鲁迅《花边文学·"大雪纷飞"》所说，"比'大雪纷飞'多两个字，但那'神韵'却好得远了"；表现在人物语言上，以充分的个性化见长，众多好汉，各有其"声口"，各有其性情。

豪侠的光彩亮相

鲁智深原名鲁达，是《水浒传》最先出场的豪侠之一。《水浒传》从误走妖魔落笔，写高俅发迹，王进出走，史进亡命，交代了小说故事发生的具体年代和社会局面：从庙堂到江湖，都是一派乱世景象。乱世出英雄，乱世重豪侠。混乱的世道是豪侠存在的理由，救人于水火是豪侠存在的价值。在鲁智深身上，豪侠的人格魅力表现得格外充分：他路见不平，拔刀相助；他遇强便打，遇弱便扶；他"杀人须见血，救人须救彻"。读他的故事，让人"深愧虚生世上，不曾为人出力"（金圣叹评语）。

鲁智深出场时是一个军官，做到关西五路廉访使，人们都叫他鲁提辖。他的命运变化从请史进饮酒开始。他与史进本不相识，在茶房里偶遇，见史进"长大魁伟，像条好汉"，倍感亲切，便直呼"阿哥"，邀请史进与他共饮："你既是史大郎时，多闻你的好名字，你且与我上街去吃杯酒。"萍水相逢，只因知道史进是条好汉，就如此亲热，如此敬重，就要请他共饮，这是鲁智深的豪放使然。得知李忠是史进从前的师傅，也要请去饮酒。但李忠不爽快，还要卖上几贴膏药再走，鲁智深就焦躁起来，把周围的人一股脑儿轰走，其脾气之急躁令人忍俊不禁。

鲁智深爱惜江湖朋友，更同情与他素不相识的无辜弱者，同情那些受恶势力欺压的平民百姓。

饮酒中间，听说郑屠欺负金老汉父女的事情，鲁智深"呸"了一声，"这个腌臜泼才"，"却原来这等欺负人！"当时就对史进、李忠说了一句："你两个且在这里，等洒家去打死了那厮便来！"金圣叹读至此处，不禁击节赞叹："快人快语，觉秋后处决为烦。"鲁智深被史、李死命劝住，当场就拿出身上所有的银子，加上史进的银子，交给金老汉，约定次日一早由他亲自护送他们离开。回到住处，"晚饭也不吃，气愤愤的睡了"。次日一早赶到金老汉住的店里，鲁智深怕店小二去郑屠那里报信，掇了一条凳子，一坐就是两个时辰，估计金老汉父女走得远了，才动身离开。性急的人，也有如此耐心的时候，这表现了他性格的另一侧面。

安顿好金老汉父女，鲁智深转身来找郑屠算账。他不是上去就打，而要先消遣折辱郑屠一番，不然出不了胸中那口恶气：他叫郑屠亲自动手，将十斤精肉切成肉末，不能带一点肥肉；又将十斤肥肉切成肉末，不能带一点精肉；又叫他切十斤"寸金软骨"，不要一点肉在上面。被反复折腾的郑屠终于忍不住了，从肉案上拿了一把剔骨尖刀，和鲁智深拼命，鲁智深要的正是如此：

> 鲁提辖就势按住左手，赶将入去，望小腹上只一脚，腾地踢倒了在当街上。鲁达再入一步，踏住胸脯，提着那醋钵儿大小拳头，看着这郑屠道："洒家始投老种经略相公，做到关西五路廉访使，也不枉了叫做镇关西。你是个卖肉的操刀屠户，狗一般的人，也叫做镇关西！你如何强骗了金翠莲？"扑的只一拳，正打在鼻子上，打得鲜血迸流，鼻子歪在半边，却似开了个油酱铺：咸的、酸的、辣的，一发都滚出来。郑屠挣不起来，那把尖刀也丢在一边，口里只叫："打得好！"鲁达骂道："直娘贼！还敢应口！"提起拳头来就眼眶际眉梢只一拳，打得眼棱缝裂，乌珠迸出，也似开了个彩帛铺的：红的、黑的、绛的，都滚将出来……郑屠当不过，讨饶。鲁达喝道："咄！你是个破落户，若是和俺硬到底，洒家倒饶了你；你如今和俺讨饶，洒家偏不饶你！"又只一拳，太阳上正着，却似做了个全堂水陆的道场：磬儿、钹儿、铙儿，一齐响。

　　鲁智深的三拳打得痛快淋漓，《水浒传》写得也格外有精神。第一拳，用味觉形容；第二拳，用色彩形容；第三拳，用声响形容，那一种伸张正义的痛快劲，被大张旗鼓地渲染出来。打死郑屠，这个结局是鲁智深始料不及的。他担心吃官司没人送饭，三十六计，走为上计，一边走，一边回头指着郑屠道："你诈死，洒家和你慢慢理会。"借骂做掩护，大踏步去了。

　　回头看"拳打镇关西"这件事情，对鲁智深的豪侠风采可以获得哪些深刻印象呢？

　　鲁达曾这样说自己："洒家是个粗卤的人。"他打死郑屠，案子报到他的上司小种经略相公那里，小种经略相公的反应是："这鲁达虽是好武艺，只是性格粗卤。"所谓粗卤，指不会说话办事，不懂关系学，凡事由着自己的性子来。

　　小种经略相公说得很对。在《水浒传》里，大多数好汉都是不懂关系学的，懂关系学的通常是些贪官污吏或市井奸徒。武松所遇到的西门庆就属于特别会拉关系的市井人物。"你道那人姓甚名谁？那里居住？原来只是阳谷县一个破落户财主，就县前开着个生药铺。从小也是一个奸诈的人，使得些好拳棒；近来暴发迹，专在县里管些公事，与人放刁把滥，说事过钱，排陷官吏。因此，满县人都饶让他些个。那人复姓西门，单讳一个庆字，排行第一，人都唤他做西门大郎。近来发迹有钱，人都称他做西门大官人。"（第二十四回）

这个呼风唤雨的人，并非因为其人格高尚或者才能卓特，而是因为他门路多，关系熟。这自然不能叫人心服口服。在西门庆和潘金莲害死武大后，武松起初也想通过"组织渠道"来为兄长报仇，可是西门庆就有办法靠关系把一桩人命案子压下去。鲁智深所面对的郑屠，以屠户的身份而能够投托到小种经略相公门下，被人尊称为"郑大官人"，关系学的水平也不可小视。对于他的恶行，鲁智深假如不动拳头，而是通过正常的"组织渠道"，把他送到官府里治罪，未必就有结果。这样看来，"鲁提辖拳打镇关西"，固然不免粗卤之讥，却也正是不得已而为之。古人常说豪侠可以"济王法之穷"，就是说，关系学干扰得了王法，却干扰不了豪侠。豪侠不吃关系学那一套。

金老汉父女与鲁智深非亲非故，好像犯不着为他们出头。而鲁智深不仅为他们出头，还因此打死了郑屠。对闯祸的后果，鲁智深所想到的只是吃了官司没人送饭。至于由此失去了军官身份，成为一名亡命的逃犯，他似乎并没想过。这算是精明还是糊涂？或许他从来没把做官当成多么重要的事情，也不认为浪迹江湖有什么不好。他只想着走为上计，而对于拳打镇关西，他没有丝毫的后悔。

这就是鲁智深！他的侠义，既超出了狭隘的个人恩怨，甚至也超出了江湖同道的范围。他的同情在弱者一方，他的爱是广博的。他所秉持的义可以称为大义。为了大义，他可以不当官，可以不顾自己的性命，这是真正的大侠气象。后来桃花村惩治小霸王，野猪林仗义救林冲，都表现了他一贯的侠义作风。"禅杖打开危险路，戒刀杀尽不平人"，"杀人须见血，救人须救彻"，这是他作为豪侠的品格标志。

20世纪40年代长期担任武汉大学文学院院长的刘永济，其《唐人绝句精华》在"释"王维的《少年行》四首（"新丰美酒斗十千"）时，曾就侠的品类做过这样的说明：

> 游侠是古代社会中常见之人物，司马迁《史记》专为此辈作《游侠传》。历代诗人所写之《少年行》《结客少年场》等诗，也是描绘此辈生活习尚。此辈人从其轻生死、重然诺、舍身赴义一面看，不失为义士，然亦有"设财役贫，豪暴侵凌孤弱，恣欲自快"之类，如司马迁所讥者，则今世所谓土豪矣。

刘永济对于豪侠所做的说明，《水浒传》的作者看来也是明了的。在作者笔下，梁山好汉的品类是颇为复杂的，多半亦侠亦盗，可指摘之处不少。那些为人出力的好汉，动机也有差异：或从个人恩怨出发，为报恩复仇犯法亡命；或从江湖道义出发，为周全同道舍生忘死。而鲁智深的为人出力，是把同情给予无辜的受害者，为受恶势力欺压的弱势群体打抱不平。他的侠义，既超出了狭隘的个人恩怨，也超出了江湖同道的范围，在他眼里没有太多的人与我的界限，没有太多的同道与非同道的界限，而更看重是非曲直。那种仗义疏财、打抱不平的人生气象，带给读者的是一种超越凡俗的心理愉悦。

鲁智深在《水浒传》中的光彩亮相，表明了作者对于豪侠的态度：豪侠品类复杂，其中的许多人物，其实当不起我们的喝彩；只有鲁智深这样的豪侠，才是值得推崇的！

鲁智深是不可学的

　　真率不羁是豪侠的特征之一，在鲁智深身上体现得尤为鲜明，所谓"鲁智深大闹五台山"，就是写他对佛门清规戒律的不屑一顾。

　　他在五台山出家当了和尚，却既不参禅，也不打坐，"到晚放翻身体，横罗十字，倒在禅床上睡"，"要起来净手，大惊小怪，只在佛殿后撒尿撒屎，遍地都是"；又喝烧酒，吃狗肉，搅得五台山失去了往日的宁静。

　　第四回写鲁智深大醉而归的镜头，富有戏谑意味：

　　　　智深抢到山门下，见关了门，把拳头擂鼓也似敲门。两个门子那里敢开。智深敲了一回，扭过身来，看了左边的金刚，喝一声道："你这个鸟大汉，不替俺敲门，却拿着拳头吓洒家，俺须不怕你！"跳上台基，把栅刺子只一拔，却似挽葱般拔开了。

拿起一根折木头，去那金刚腿上便打，簌簌的泥和颜色都脱下来。……智深等了一回，调转身来看着右边金刚，喝一声道："你这厮张开大口，也来笑洒家。"便跳过右边台基上，把那金刚脚上打了两下，只听得一声震天价响，那尊金刚从台基上倒撞下来。智深提着折木头大笑。

金刚伏魔，而醉后的鲁智深却连金刚也敢打坏，豪侠的气概，大约就是由醉打山门这样一些举动体现出来的。没有这种气概，鲁智深能对着董超、薛霸二人说："你两个撮鸟，问俺住处做甚么？莫不去教高俅做甚么奈何洒家？别人怕他，俺不怕他。洒家若撞着那厮，教他吃三百禅杖！"中国文化对侠的推崇，也包括了对醉打山门这种真率不羁的人生气象的推崇。

鲁智深在桃花山行窃也是一桩令人喝彩的趣事。他在桃花山上"住了几日"，"见李忠、周通不是个慷慨之人，作事悭吝，只要下山"。他一股脑儿将桌上的"金银酒器"踏匾，拴在包里，趁李忠、周通不在，骨碌碌滚下山，带走了。鲁智深的做派，是否有损好汉的名头？几位评点者以为，这正体现了鲁智深的真率不羁。容与堂本李和尚（即李贽）的回末总评说："人说鲁智深桃花山上窃取了李忠、周通的酒器，以为不是丈夫所为。殊不知智深后来作佛，正在此等去处。何也？率性而行，不拘小节，方是成佛作祖根基。若瞻前顾后，算一计十，几何不向假道学门风去也。"金圣叹的回前总评也说："要盘缠便偷酒器，要私走便滚下山去，人曰：堂堂丈夫，奈何偷了酒器滚下山去？公曰：堂堂丈夫，做甚么便偷不得酒器，滚不得下山耶？益见鲁达浩浩落落。"

鲁智深最后的结局更有几分狂禅意味。平定方腊后，鲁智深在六和寺安歇，夜半时分，忽听得钱塘江上潮响，鲁智深以为是战鼓声响，提了禅杖就要冲出去厮杀。及至弄清乃是潮信之后，"心中忽然大悟"，知道自己即将"圆寂"。但他不明白何为"圆寂"，寺内众僧人答道："你是出家人，还不省得？佛门中圆寂便是死。"明白了此层，鲁智深就向人讨来纸笔，写下一篇颂子："平生不修善果，只爱杀人放火。忽地顿开金枷，这里扯断玉锁。咦！钱塘江上潮信来，今日方知是我。"金山大师指着鲁智深说了几句法语："鲁智深，鲁智深，起身自绿林。两只放火眼，一片杀人心。忽地随潮归去，果然无处跟寻。咄！解使满空飞白玉，能令大地作黄金。"在常人看来，无拘无束的鲁智深与戒律森严的佛家是格格不入的，但金山大师却断言，这无碍于鲁智深的证道，无碍于他的修得正果。金山禅师的品目，有什么理论依据吗？

清代梁绍壬的《两般秋雨庵随笔》卷六《和尚破荤》记载：

人馈得心大师鸡子若干枚。师大吞咽，作偈曰：
"混沌乾坤一壳包，也无皮骨也无毛。老僧带尔西
天去，免在人间受一刀。"是大慈悲、大解脱。张
献忠攻渝，见破山和尚，强之食肉。师曰："公不
屠城，我便开戒。"献忠允之。师乃食肉，作偈曰：
"酒肉穿肠过，佛在当中坐。"是大功德，大作用。

身为和尚，却吃蛋食肉，这是一般佛教人士所不能容忍
的。但从禅宗的立场来看，其自性清净，正是大慈悲、大功
德。自内求佛，不拘外在的形迹，禅宗是信奉人内在的纯洁
与善的。故容与堂本《水浒传》第四回李和尚的评语说："此
回文字分明是个成佛作祖图。若是那班闭眼合掌的和尚，绝
无成佛之理。何也？外面模样尽好看，佛性反无一些。如鲁
智深吃酒打人，无所不为，无所不做，佛性反是完全的，所
以到底成了正果，算来外面模样，看不得人，济不得事。"

容与堂本李和尚的评语所说，不妨视为金山和尚的理论
依据。换句话说，鲁智深的可贵主要在于其内在的境界，读
者要学的也是这种境界；至于他的那些外在形迹，则是不重
要的，也是不可学的。假如有人拓展了鲁智深的这种内在境
界，那是真的读懂了鲁智深；假如有人照着鲁智深的外在行
迹来生活，那他就不是一个合格的读者，生活也一定会弄得
一团糟。

晚明作家袁中道，其《游居柿录》就记载了一个因学鲁智深而把生活弄得一团糟的人。

有一年袁中道前往武昌拜访李贽，李贽正在那里评点《水浒传》。他让一个叫常志的小和尚在一旁帮他抄写。这个常志，本是一个书吏，后来出了家，李贽因为这个人字写得好，就把他留在身边作侍者。常志替李贽抄写《水浒传》，每每听李贽称说《水浒传》各位好汉是真豪杰，又听李贽说鲁智深才是真修行，嘲笑那些不吃狗肉的五台山和尚是迂腐之徒。听得多了，他就"一一作实法会"，也就是说，他把李贽的这些称赞都当成"真的"，从形迹上去理解鲁智深，以为学鲁智深就是要按照《水浒传》所写的那样，把鲁智深的行为搬演到生活中来。起初，他还不显得异常，时间一久，气质就起了变化。他与同伴有了点纠纷，就要放火烧屋。李贽听说后，吓了一跳，就委婉地劝责他，常志不服，反倒叹息说："李老子（即李贽，他常常以此自称）不如五台山智真长老远矣！智真长老能容鲁智深，老子独不能容我乎？"仍旧时时效仿鲁智深的行径。李贽性格本来急躁，看到常志这个样子，实在无法忍受，只好派人把他送离武昌。在路上，送他的人行动稍慢了些，常志不满，就暴躁起来，怒目大骂："汝有几颗头？"袁中道还说，这个常志后来北走长安，"流落不振以死"。学鲁智深学成这个下场，的确有些可悲，也有些可笑。

袁中道由此感叹"痴人前不得说梦"。常志之"痴"，包括两个方面：一是把鲁智深的故事"一一作实法会"，混淆了现实生活与文学作品中虚构世界之间的差别，失去了现实感。二是只从形迹上学鲁智深，把醉后大闹、遍地撒尿当成豪侠的必修课，其实完全没有理解这一人物的境界。《世说新语·任诞》记载：

> 阮浑长成，风气韵度似父，亦欲作达。步兵曰："仲容已预之，卿不得复尔。"

阮浑是名士阮籍的儿子。阮籍是世人眼里的达人，有不少放浪形骸的事迹。比如，他邻居家有个女孩，才色过人，没出嫁就去世了。阮籍与她家并无多少交往，却赶去痛哭了一场，哭得非常伤心。有人批评阮籍任诞不检，其实是不理解他那哲人的胸襟。阮籍所悲伤的，是青春的摧折，是美的凋谢，是生命之流的突然中断。一个美丽的才情不俗的女孩子，突然在这个世界上消失了，能不为之黯然神伤吗？

仲容指阮咸，是阮籍的侄儿，也是竹林七贤中人，同为名士，放诞的作风与阮籍差不多。阮籍与阮咸都"达"了，却不让阮浑去"达"，原因何在？刘孝标的注引《竹林七贤论》解释说："籍之抑浑，盖以浑未识己之所以为达也。"就是说，阮浑并不明白"达"的意义。达是一种内在的境界，有了那种境界，放达的言论行为才有意义。没有那种境界而要矫揉造作，这就是"作达"，"作达"是没有意义的。

套用刘孝标的话，也可以说：鲁智深是"达"，学鲁智深行迹的人只是"作达"，越学越不"达"。这或许就是常志所不明白的道理吧。

逼上梁山

　　《水浒传》写了好几个逼上梁山的故事，而林冲的经历尤其震撼人心。

　　在一百单八个好汉中，林冲曾是少数几个有家室的成员之一。他是东京八十万禁军枪棒教头。他的父亲做过提辖，他的岳父也是教头。较高的社会地位和美满的家庭生活，使他养成了谨慎怕事的性格：只要能维持现状，他宁可逆来顺受。但就是这样一个人，最终也忍无可忍上了梁山。林冲的经历特别有力地说明：造成民反的主要原因是官府之逼。《水浒传》细致而真实地展示了林冲被逼上梁山的过程。

　　他的妻子无端遭到高衙内调戏是他被逼的开始。林冲最初听到这个消息，也和常人一样，顿时满腔愤怒。他赶到案发现场，"把那后生肩胛只一扳过来，喝道：'调戏良人妻子，当得何罪！'"读到这里，一般人所能产生的想法是，高衙内这个纨绔子弟，一定要受到拳头的教训了。然而结果却是："当时林冲扳将过来，却认得是本管高衙内，先自手软了。"为什么手软呢？原来林冲心存顾虑：如果"痛打那厮一顿，太尉面上须不好看，自古道：不怕官，只怕管。林冲不合吃着他的请受，权且让他这一次"。（第七回）所谓"吃着他的请受"，就是在他手下领薪水。俗话所说"在人屋檐下，焉敢不低头"，正对林冲的处境。在林冲这种逆来顺受的忍让态度里，我们已经感觉到了他的软弱和可怜。高衙内敢于继续欺负他，原因之一是看准了他的这一弱点。高衙内的走卒富安就说："衙内怕林冲是个好汉，不敢欺他"，其实这个无妨，"他见在帐下听使唤，大请大受，怎敢恶了太尉？轻则便刺配了他，重则害了他性命"。（第七回）

接下来林冲果然受到了高衙内明目张胆的欺辱。如果说高衙内初次调戏林冲的妻子，还可解释为不清楚调戏对象与林冲的关系。那么，现在他是明知那是林冲妻子，仍不放弃邪念。而且，配合他实施阴谋以诱骗林冲妻子的，竟是和林冲"称兄道弟"的"朋友"陆谦。被出卖和被凌辱的林冲确实怒不可遏了，然而，他却只敢将愤怒向陆谦发泄：先是"把陆虞候家打得粉碎"，又"拿了一把解腕尖刀，径奔到樊楼前去寻陆虞候，也不见了。却回来他门前等了一晚，不见回家，林冲自归"。至于高衙内，林冲却没有胆量加以报复。几天后，连杀陆谦的事也放下了。这是林冲第二次"权且让步"了。

对林冲的欺辱和迫害没有因为林冲的忍让而停止，反而变本加厉了：高太尉亲自出马，将林冲骗入白虎节堂，企图藉此施以极刑。只因几位正直官员的干预，才改为刺配沧州。这时林冲已经清楚，处心积虑陷害他的，正是他的本管高太尉。但他仍然不打算豁出去拼了。他向开封府诉说被诬陷的经过，只是为了听凭官断；逃脱死罪而发配到沧州，这是他偶然的幸运。在和亲友离别时，他虽然留给妻子一纸休书，但当岳父郑重表示："今日权且去沧州躲灾避难，早晚天可怜见，放你回来时，依旧夫妻完聚。"（第八回）他也就期待着刑满释放，重新回到夫妻团圆的日子。他就这样踏上了服刑之路。

林冲没有料到两个公人会在野猪林谋害他。这是高俅的"钧旨"，两个公人急着取他脸上的金印回去领赏。算林冲幸运，他新结识的朋友鲁智深在危急时刻救了他一命。那么下一步该怎么办呢？林冲的表现与武松适成对照。武松被刺配恩州，途经飞云浦，他孤身一人，身戴刑具，竟凭着机智和勇力制服了两个解差，把蒋门神的两个徒弟也干掉了。武松还不解恨，又赶回孟州城，使张都监等仇人"血溅鸳鸯楼"。武松之所以敢作敢为，自与其性格有关，但他不抱幻想、敢于舍得一身剐也是重要原因。至于林冲，由于他总存有"挣扎着回来"的想法，仍以委曲求全为宗旨：他反过来阻止鲁智深杀掉两个谋害他的公人，然后由鲁智深护送去沧州服罪。王望如回末总评曾就林冲和武松对比说："林冲野猪林有智深，武松飞云浦止有武松；林冲之于公人也，劝智深勿杀之；武松之于公人也，杀之且必尽杀之。此何以故？林冲安心配沧州，武松定计入孟州；配沧州则公人不可杀，入孟州则公人不可不杀。"这一对比是恰切的。林冲期待着总有一天大赦回家，这样他只能接受现状，忍受欺凌和侮辱。

高俅却不给林冲留下退路。为了干掉林冲，高俅派了陆谦和富安，一直赶到林冲服刑的地方。他们贿赂管营、差拨，命林冲看守大军草料场，而就在林冲赴任的当晚，他们一把火将这座草料场烧了。他们的设计是够周密、也够歹毒的：林冲即使不被烧死，作为看守人，草料场被烧也是死罪。林冲已经无路可走了，他的大赦还家的希望破灭了。这时，只有这时，林冲才不再逆来顺受、委曲求全。他一反常态，手刃陆谦、富安，雪夜上了梁山。

在宋元时代的水浒故事中，林冲还是一个若有若无的人物，而在《水浒传》里，林冲故事的篇幅大大加长，而且成了一百单八个好汉中第一个上梁山的人。这是《水浒传》作者出于批判现实的需要而进行的加工。晚明李贽《忠义水浒传序》指出：一个正常的社会，在用人问题上，应该"大贤处上，不肖处下"，即所谓"举贤而授能"，如果颠倒贤和不肖的位置，就会导致社会的不稳定：

> 今夫小德役大德，小贤役大贤，理也。若以小
> 贤役人，而以大贤役于人，其肯甘心服役而不耻乎？
> 是犹以小力缚人，而使大力者缚于人，其肯束手就
> 缚而不辞乎？其势必至驱天下大力大贤而尽纳之水
> 浒矣。

从《水浒传》的描写看，林冲等人被逼上梁山，正是对贤愚颠倒的社会政治状况的尖锐批判。

按照结构主义语言学的看法，文本由一系列句子构成，文本在结构上与语句相似；也就是说，一连串的语句可以用一个单句释义，一个完整的叙述文本具有与一个单句相同的语义结构。因此，一个句子可作为一段相当长的叙述文本的提要或梗概，它不仅把握住了与文本内容密切相关的语义角色，而且以其从句和短语的次序反映了时间和因果顺序。"官逼民反"就与林冲雪夜上梁山的故事对应，而且将"反"的原因明确归结到"官"的头上。"官"是施事者，"民"是"受事者"，《水浒传》以这样一个语义结构，传达给读者一个讯息：社会的动乱（"反"）乃是坏官压迫善良人群的结果。《水浒传》偶尔还借人物之口明确说出这一意思，比如第二回，朱武说："小人等三个，累被官司逼迫，不得已上山落草。"第十一回，林冲仰天长叹："不想我今日被高俅那贼陷害，流落到此，直如此命蹇时乖！"从读者的阅读反应看，

作者的预期效果得到了圆满的实现。晚清王韬的《〈水浒传〉序》就说："试观一百八人中，谁是甘心为盗者？必至于途穷势迫，甚不得已，无可如何乃出于此。盖于时宋室不纲，政以贿成，君子在野，小人在位，赏善罚恶，倒持其柄。贤人才士，困踣流离，至无地以容其身，其上者隐遁以自全，其下者遂至失身于盗贼。呜呼！谁使之然？当轴者固不得不任其咎。能以此意读《水浒传》，方谓善读《水浒传》者也。"诸如此类的议论，可视为对"乱自上作""官逼民反"二语的阐发。

让林冲最先上山，体现了《水浒传》作者的匠心。因为林冲本不应上山，或者说在他身上基本没有绿林气息；他的上山，完全是被高俅等赃官污吏逼迫的结果。这种安排所体现的意义是：假如像林冲这样一个安分守己的人都无法立足，那么这个社会确实出了问题。

打虎武松

　　武松是《水浒传》极力推崇的英雄豪杰。从第二十三回到第三十二回，《水浒传》用了整整十回的篇幅集中写他，这就是著名的"武十回"。他的经历和性格都带有英雄传奇的色彩。一出场，作者就预示他是个顶天立地的人物："山中猛虎，见时魄散魂离；林下强人，撞着心惊胆裂"，"胸脯横阔，有万夫难敌之威风；语话轩昂，吐千丈凌云之志气"。

　　景阳冈打虎是武松的第一幅特写。《水浒传》中杀虎战绩最为可观的其实不是武松，李逵沂岭杀四虎，四比一，论数量，武松差得远了。可为什么读者都记得景阳冈，却对沂岭不甚在意呢？其主要的原因在于，李逵杀虎是"无知者无畏"的举动，他从来没有恐惧之感，因而也无所谓勇敢；武松则是与老虎不期而遇，他临危不乱，沉着冷静，最终赢了老虎，这才令读者敬服不已。

　　《水浒传》反复强调一个事实：武松打虎的过程，前前后后，总在遭遇意想不到的危险。一、武松没有想到他真会遇到老虎。景阳冈下的店家曾提醒他，景阳冈上有老虎，让他先在冈下住一晚，武松听了，反把店家嘲笑一番："我是清河县人氏，这条景阳冈上少也走过了一二十遭。几时见说有大虫！你休说这般鸟话来吓我！便有大虫，我也不怕。"走到冈上，看到盖有官府印信的榜文，他才相信真的有虎，想回去，却又担心："我回去时，须吃他耻笑，不是好汉，难以转去。"想了一回，下定决心："怕甚么鸟，且只顾上去，看怎地！"看得出来，武松对老虎是有所畏惧的，他所以冒险上山，是为了好汉的名头，实不免心存侥幸。二、武松因在景阳冈下的酒店痛饮了十八碗"透瓶香"，到了冈上，已经是踉踉跄跄，"放翻身体，却待要睡"，突然，"一阵风过处，只听得乱树背后扑地一声响，跳出一只吊睛白额大虫来"。武松见了，大叫一声，"从青石上翻将下来，便拿那条梢棒在手里，闪在青石边"。武松对老虎的突然到来毫无提防，所以才大吃一惊。三、哨棒是武松的看家武器，谁料初次出手，就因过度紧张，"打在枯树上，把那条哨棒折做两截，只拿得一半在手里"。评点家金圣叹特别细心，他计算了《水浒传》在武松打虎以前写到哨棒的次数，共十三次，换了七种动作。一般读者也以为，武松打虎要借着哨棒大展神威了。哨棒打折，看家武器不管用了，这突然出现的境况足以令寻常人心胆俱裂。然而武松依然章法不乱，沉着迎敌。

处变不惊体现了一个人的高度涵养，表明其人有着从容不迫地应付危急局面的气度。北宋苏轼《夏侯太初论》曾说："人能碎千金之璧，不能无失声于破釜；能搏猛虎，不能无变色于蜂虿。"苏轼所论的夏侯太初，即三国时人夏侯玄，太初是他的字。裴启《语林》记载他处变不惊，只取他一件小事，着墨不多，却神情毕现。有次夏侯玄跟随魏帝祭拜先王的陵寝，陪列于松柏之下，突遇暴雨，霹雳击中了他所立的树。他所戴的冠冕都被烧焦了，左右侍从目睹此景，也吓得趴在地上，而夏侯玄却若无其事，不为所动。魏晋人正是从这种处变不惊的雅量看出了夏侯玄的政治家风范，苏轼所看重的也是其临危不乱所彰显的不凡才具。《水浒传》之所以一次又一次地为武松打虎制造意外，就是为了写出武松处变不惊的雅量。

景阳冈打虎之后，武松便十分看重打虎英雄的名头，乐于在不同的场合提到这件辉煌的人生记录。醉打蒋门神后，武松对"快活林为头为脑的英雄豪杰"说的一番话尤其经典。武松道："众位高邻都在这里，小人武松，自从阳谷县杀了人，配在这里，闻听得人说道：'快活林这座酒店，原是小施管营造的屋宇等项买卖，被这蒋门神倚势豪强，公然夺了，白白地占了他的衣饭。'你众人休猜道是我的主人，我和他并无干涉。我从来只要打天下这等不明道德的人。我若路见

不平，真乃拔刀相助，我便死了不怕。今日我本待把蒋家这
厮一顿拳脚就打死，除了一害。且看你众高邻面上，权寄下
这厮一条性命。则今晚便要他投外府去。若不离了此间，再
撞见我时，景阳冈上大虫便是模样！"众人才知道他是景阳
冈上打虎的武都头。武松的言谈，强调了三点：一、他是武
松，其中"我"字出现了十次，"武松"虽只出现一次，却
是在关键的开头部分；二、他是景阳冈上打虎的那个武松；
三、他是路见不平，拔刀相助"死了不怕"的武松。这些言
谈泄露了他内心的秘密：他期待别人认可他的"英雄好汉"
的名头。

这样一个武松，得到施恩的敬重，尊之为"天神"，尊
之为"神人"，他如何能不以性命相许？他向施恩担保："便
是一刀一割的勾当，武松也替你去干。若是有些诣佞的，非
为人也！"武松所感激的，不是施恩所提供的好酒好肉。如
果那样看武松，未免对于侠的人格太隔膜。施恩的敬重之所
以让武松以身相许，是因为这正是武松所向往的人生境遇。
他看重的是施恩对其"英雄好汉"名头的敬重。

据《列子》记载："伯牙善鼓琴，锺子期善听。伯牙鼓琴，
志在登高山。锺子期曰：'善哉！峨峨兮若泰山！'志在流
水。锺子期曰：'善哉！洋洋兮若江河！'伯牙所念，锺子
期必得之。"锺子期死后，伯牙绝弦，终身不复鼓琴。这段
故事包含有很深的意蕴。首先，"志在登高山"，当然不是

用琴声直接模拟高山；《列子》的意思只是说，伯牙用琴声表达了他像高山一样巍然屹立于天地之间的情操和像大海一样洋溢于宇宙之间的智慧，而锺子期的情操、智慧正好与他产生共鸣。于是两人成为知音或知己。其次，在伯牙遇到锺子期之前，他的含蕴着其智慧和情操的琴声从来没有人真切地理解过；同样，在听到伯牙的琴声以前，还没有谁弹奏出恰好与子期的心灵之弦节奏相同的乐曲。世上只有一个锺子期，也只有一个俞伯牙。为了自我和朋友不被他人所理解的心灵，子期死后，伯牙终身不复鼓琴，实在是理所当然的。

　　"千篇著述诚难得，一字知音不易求。"历史上那些才具卓特的人，往往得不到应有的赏识。而一旦得到赏识，便会产生一种"士为知己者死"的悲壮情怀。先秦时代的豪侠，如荆轲、聂政等人，"为知己者死"无疑是其人格魅力所在。武松与施恩的关系，亦当作如是观。所以容与堂本有这样的评论："设令今日有施恩者，一如待武二郎者待卓吾老子，卓吾老子即手无缚鸡之力，亦当为之夺快活林，打蒋门神也。不知者以为为口腹也，不知者以为为口腹也。""武松固难得，而施恩尤不易得，盖有伯乐自有千里马也。故曰：赏鉴有时有，英雄无日无。"这一评语抓住了事情的关键。盖武松之于施恩，不是普通的知恩图报，而是"士为知己者死"意义上的报恩。

　　景阳冈打虎，武松处变不惊。面对生活中的种种突发事件，武松也同样做到了处变不惊。哥哥武大被害以后，武松从何九叔那里取得物证，从郓哥那里问明奸情，以为人证物证俱在，一定可以为哥哥申冤。但出乎意外，知县头一天还对武松表示"从长计议"，而第二天清晨，这位接受了西门庆贿赂的知县竟冷冰冰地回绝武松："你休听外人挑拨你和西门庆做对头。这件事不明白，难以对理。圣人云：'经目之事，犹恐未真。背后之言，岂能全信？'不可一时造次。"企图将武大一案不了了之。面对知县的背信弃义，武松当即拿定主意按自己的方式为哥哥报仇。他毅然决然地对知县说："既然相公不准所告，且却又理会。"

武松把复仇的日子定在武大断七这一天。他安排酒席，逼请四邻作证，又以迅雷不及掩耳之势威逼潘金莲当众招供：武松提起刀来，在她脸上比划了几下，她便"惊得魂魄都没了"，一五一十，从头到尾，详细坦白了作案经过。王婆无奈，也只好招供。审讯完毕，武松当场令潘金莲和王婆在记录上画押，又令四个邻居签字画押。如果只是结果仇人的性命，上述程序都是不必要的；但有了上述程序，就足以见出当日"王法"的废弛和武松复仇的正义性。

作为豪侠世界的"天神"，做某件事对武松来说不是最重要的，最重要的是要做得漂亮。他往往像完成艺术品一样地完成一桩事情。为兄长报仇，每一程序都设计得天衣无缝；醉打蒋门神，一路"无三不过望"，对于一种意境的兴趣超过了对事情本身的兴趣。如金圣叹《读第五才子书法》所说："鲁达自然是上上人物，写得心地厚实，体格阔大。论粗卤处，他也有些粗卤；论精细处，他亦甚是精细。然不知何故，看来便有不及武松处。想鲁达已是人中绝顶，若武松直是天神，有大段及不得处。"

"忠义"宋江

《水浒传》中的豪侠，大都具备三个特点：一是不同寻常的拳脚功夫，二是"大碗喝酒，大块吃肉"，三是该出手时就出手，绝不迟疑忍让，武松、鲁智深、李逵都是这一类好汉。但也有例外，比如林冲和宋江，尤其是宋江。林冲虽有一段逆来顺受的经历，但好歹有一身令鲁智深也佩服的功夫，酒量也不错。而宋江的功夫，在一百单八条好汉中，怕是连前三十名都排不上，他的酒量，也未见出色。可偏偏是这个宋江，他最终成了梁山头领，且梁山好汉个个买他的账。那么，宋江究竟是哪门子的豪侠？应该如何看待宋江这样一个豪侠形象？

司马迁曾在《史记》中把侠分为两种："卿相之侠"与"闾里之侠"。前者如孟尝君、信陵君、春申君之流，他们有很高的社会地位和雄厚的经历实力，一方面"藏活豪士"，另一方面"振人不赡"，能够驱遣豪侠为他们所用，因而成

为游侠之领袖。在《水浒传》中，柴进、晁盖、宋江是比照
"卿相之侠"来写的。司马迁所心仪的"闾里之侠"，其特
点是仗义除恶，打抱不平，"不爱其躯，赴士之厄困"。在
《水浒传》中，鲁智深、武松等是比照"闾里之侠"来写的。

如果说《水浒传》中的"闾里之侠"以武松、鲁智深等
最为出色，那么，"卿相之侠"就以宋江最为出色。

仗义疏财为宋江赢得了巨大的江湖声名。宋江在第十八
回出场。《水浒传》说他"于家大孝，为人仗义疏财，人皆
称他做孝义黑三郎"。"孝"字无须分说，"义"字主要落
实在"仗义疏财"上。他的仗义疏财，《水浒传》不吝笔墨
加以渲染："平生只好结识江湖上好汉，但有人来投奔他的，
若高若低，无有不纳，便留在庄上馆谷，终日追陪，并无厌
倦；若要起身，尽力资助。端的是挥霍，视金似土。人问他
求钱物，亦不推托。"他的"及时雨"的名声，多半来自"仗
义疏财"。只要看看好汉们和他初次见面时的话，就能明了
这一事实。

第二十二回，宋江逃在小旋风柴进庄上，无意冲撞了武
松，差点吃拳头。柴进出来解围，说："大汉，你不认的这
位奢遮的押司？"奢遮，意思是超群出众。武松并不认识宋
江，但在他眼里，普天之下只有郓城的宋押司才称得上"奢
遮"，用武松自己的话来说："我虽不曾认的，江湖上久闻
他是个及时雨宋公明。且又仗义疏财，扶危济困，是个天下

闻名的好汉。"当他知道自己准备用拳头教训的人正是宋江时，当即"纳头便拜"，"跪在地下，那里肯起来"。这次，宋江的仗义疏财让自己避免了一场痛打。第三十二回，宋江被清风山的小喽罗抓住，要给山大王做醒酒汤。宋江叹口气："可惜宋江死在这里！"一句话又救了他的命，三位好汉当即给他松绑，把他捺在交椅上，拜倒在地，还说："小弟只要把尖刀剜了自己的眼睛！"好汉们所以如此，燕顺的话说得明白："小弟在江湖上绿林丛中走了十数年，也只久闻得贤兄仗义疏财、济困扶危的大名，只恨缘分浅薄，不能拜识尊颜。"这次，他的仗义疏财让清风山的好汉吃不上醒酒汤。发配江州途中，宋江又被开黑店的李立麻翻，拖到山边的人肉作坊里，就要被杀掉当作牛肉卖。这时来了个救星，李俊听说"及时雨"要经过揭阳岭，早早到那里迎接，无意中又救了宋江一命。李俊并不认识宋江，只是听说他仗义疏财的大名而已。这次，宋江的仗义疏财让李立卖不成人肉包子。"仗义疏财"无疑是宋江闯荡江湖的通行证。

第三十五回石勇的话也许更能说明问题。石勇在酒店里和宋江、燕顺相遇，因互不相识，差点发生冲突。燕顺请他换一个位子，他不肯，说："便是赵官家，老爷也鳖鸟不换！"又说："老爷天下只让得两个人，其余的都把来作脚底下的泥！"这两个人，一个是小旋风柴进，一个是及时雨宋江。宋江的名声是如此响亮，好汉们对他是如此佩服，连高高在上的赵官家——大宋皇帝也比不上他。因为他是仗义疏财的宋江。

宋江的仗义疏财，这个"义"，也包括了对好汉们的体贴和尊重。第三十八回，宋江初次见到李逵，就拿出十两银子，李逵得了这银子，寻思道："难得宋江哥哥，又不曾和我深交，便借我十两银子。果然仗义疏财，名不虚传。"这段心理描写，说出了江湖好汉对宋江格外亲近的来由。倘若只论仗义疏财，柴进绝不输于宋江。但是那些兄弟们对他，总比不上对宋江那样知心。可能柴进的身份太高贵了，龙子龙孙，所缺的正是对江湖好汉的贴心和必要的尊重。

宋江虽然食量和酒量有限，但对好汉们的"大碗喝酒，大块吃肉"，倒也认同，这也是尊重好汉的一种表示。宋江发配江州，初次和李逵一起饮酒，李逵开口就说："不奈烦小盏吃，换个大碗来筛！"中间李逵去赌场闹了一阵回来，三人重新坐下，李逵又说："酒把大碗来筛，不奈烦小盏价吃。"宋江不用说，只是用酒杯来饮了。席间送上鱼辣汤，宋江称赞说："美食不如美器，虽是个酒肆之中，端的好整齐器皿。"这是宋江身上斯文气质的反映。宋江觉得鱼汤不鲜，只呷了两口，便放下不吃了。李逵则是筷子也不用，径直用手去碗里捞起鱼来，和骨头都嚼着吃了。看宋江、戴宗不吃，又说："两位哥哥都不吃，我替你们吃了。"伸手把两人碗中的鱼都捞来吃了，滴滴点点淋了一桌子汁水。此情此景，让带李逵来的戴宗感到极不自在，而宋江却并不反感，他的反应是"忍笑不住"。宋江又吩咐酒保为李逵切上肉来，李逵也不谦让，大把用手抓来，只顾吃，弹指间把两斤羊肉都吃尽了。宋江见了，还称赞说："壮哉！真好汉也！"李逵道："这宋大哥便知我的鸟意，吃肉不强似吃鱼。"李逵的话很对。宋江了解好汉的生活方式，也能欣赏好汉的粗豪作风，他因而得到众多"闾里之侠"的爱戴。

宋江在江湖上以"义"著称，但江湖并不是他的人生归宿。他的终生目标是报效朝廷，因而又把"忠""孝"当成座右铭。

杀阎婆惜使宋江迫不得已流亡江湖，但宋江只想暂时避难，丝毫没有投奔梁山的念头；以武装与朝廷对抗，这样的事宋江是不愿干的。花荣因宋江而大闹清风寨，官军步步紧逼，迫于无奈，宋江只好带了花荣、秦明等人投奔梁山。路上，接到弟弟宋清的信，说："父亲于今年正月初头，因病身故，见今停丧在家，专等哥哥来家迁葬。"宋江看了信，自骂是"不孝逆子"，毫不迟疑地抛下大队赴梁山的人马，"恨不得一步跨到家中，飞也似独自一个去了"。而真实的情形是：他父亲听得人说，"白虎山地面多有强人"，怕他"一时被人撺掇，落草去了，做个不忠不孝的人"而骗他回家。此父此子，倒也同心同德。

回到郓城老家，宋江当即被捕，他服服帖帖地听凭官府断配江州。临行前，父亲叮嘱他："你如今此去，正从梁山泊过，倘或他们下山来劫夺你入伙，切不可依随他，叫人骂做不忠不孝。"因此，刺配途中，宋江宁可多走几里，也要抄小路，为的是怕遇上梁山好汉拉他入伙。然而，好汉们早已挡在路上接他了。刘唐要杀两个押解公人，救他上山，宋江当下急了，忙说："这个不是你们弟兄抬举宋江，倒要陷我于不忠不孝之地……我自不如死了！"说着，就把刀放在喉咙下要自刎。花荣要给他打开枷锁，宋江却说："贤弟，是甚么话！此是国家法度，如何敢擅动！"众人请他上山，苦苦挽留。宋江拒人于千里之外，振振有词地说："小可不争随顺了哥哥，便是上逆天理，下违父教，做了不忠不孝的人，在世虽生何益。"

宋江在浔阳楼醉后题诗，其中有"他年若得报冤仇，血染浔阳江口"和"他时若遂凌云志，敢笑黄巢不丈夫"的句子。他因而被人告发，以谋反罪判刑当斩。梁山英雄冒死劫法场，把宋江救了出来，宋江实在无路可走，才说："今日不由宋江不上梁山泊投托哥哥去……"上梁山不久，晁盖身亡，他接任山寨首领。作为梁山的第三任寨主，宋江极力倡导"全忠全义"。他牢记九天玄女授予的"替天行道，为主全忠仗义，为臣辅国安民，去邪归正"的法旨，把"聚义厅"改成了"忠义堂"。"义"，是他连接李逵一类人物的纽带；"忠"，是他沟通关胜一类人物的桥梁。"义"，是他在江湖上深得人心的基础；"忠"，是他团结英雄于梁山的目的。

宋江身在水浒，心系朝廷，念念不忘早日招安。在上梁山前，他给武松的临别箴言是："入伙之后，少戒酒性。如得朝廷招安，你便可撺掇鲁智深、杨志投降了。日后但是去边上，一枪一刀，博得个封妻荫子，久后青史上留得一个好名，也不枉了为人一世。"在梁山英雄大聚义时，他所郑重声明的心愿是："一则祈保众兄弟身心安乐；二则惟愿朝廷早降恩光，赦免逆天大罪，众当竭力捐躯，尽忠报国，死而后已。"梁山泊英雄排座次后，宋江希望朝廷招安的愿望更为强烈。只要一有机会，不论是对前来招安的朝廷官员，还是对作战被俘的官军将领，宋江都要不失时机地向他们表白"心迹"，甚至不吝忏悔。直至派燕青、戴宗到东京走名妓李师师的后门，宋徽宗亲手草诏，派宿太尉前往梁山招安，宋江梦寐以求的愿望才得以实现。

不难看出，宋江这位"卿相之侠"与大多数"闾里之侠"在人生目标上是不一样的。武松、鲁智深这些"闾里之侠"，他们以江湖为归宿，以"义"为纽带，"忠"的观念淡漠；而宋江虽有巨大的江湖声名，却有志于为朝廷建立功业。《水浒传》第三十九回这样描写他题反诗前的心理活动："我生在山东，长在郓城，学吏出身，结识了多少江湖上人，虽留得一个虚名，目今三旬之上，名又不成，功又不就，倒被文了双颊，配来在这里。我家乡中老父和兄弟，如何得相见？"

不觉酒涌上来，潸然泪下，临风触目，感恨伤怀。宋江的挫折感，来自于事业无成；而宋江是否事业有成，则取决于官府是否重用。宋江的这一人生目标决定了梁山好汉的去向，也导致了梁山好汉的悲剧结局。

青面兽杨志

考察杨志这个人物，有必要留意他的特殊家世背景：他是杨家将的后代。这一点与林冲明显不同。身为八十万禁军教头的林冲，并无显赫的家世背景可言，因而也不热心于追求高官厚禄。至于杨志，他时时意识到"将门之后"这四字的压力。身为将门三代之后，令公五侯之孙，如果不能"博得个封妻荫子"，岂非有辱祖先？家世背景是他尽力向上爬的动力之一。

考察杨志这个人物，还要留心他的卓越才具。他那一手所向披靡的武艺不消说，单就他押运生辰纲过程中的谨慎周密而言，除了宋江等极少数人之外，大概很少有人能入他法眼。一个才具不凡的人，他在社会生活中可能有两种取向：一是恃才傲物，一是为了使自己的才能有用武之地而屈己干人。杨志的人生追求是"往上爬"，这决定了他做后一种选择。

杨志的人品由此和林冲区别开来。杨、林二人都有忍辱求全的一面，但林冲之"忍"，只是为了保住自己的社会地位，杨志之"忍"，却是为了"封妻荫子"的"宏伟"目标；林冲之"忍"，使我们感到卑微，杨志之"忍"，却令我们时生鄙夷之心。他曾打点一担金银，希图纳身于高俅之门，不料行贿未成，反遭发配；他曾屈身于蔡京女婿梁中书之门，略得青目，便早晚殷勤，听候使唤。押送生辰纲途中，更是肝脑涂地，以求得到权相的提携。杨志的人生理想集中在"封妻荫子"，他不惜玷污清白之躯，奔走权门，全是为了向上爬。

杨志缺少基本的是非观念。以他的才情和阅历，他不会不知道高俅乃一介奸佞，他不会不知道梁中书送给蔡京的十万金珠乃是赃物，他不会不知道蔡京在朝中的所作所为。然而，他依然乐于投靠他们。以他的才情和阅历，他不会不知道世上有两类强盗：一类是钻穴逾墙、打家劫舍之盗，时迁、王英等是也；一类是衣冠之盗、脂粉之盗，蔡京、高俅、梁中书之类是也。王英等人，搜刮银钱于行旅；梁中书等人，则搜刮银钱于百姓。同样是搜刮，两者之间有什么本质区别？杨志不愿落草为盗，却一心向往与蔡京、高俅、梁中书为伍，这并不表明他耻于为盗，而只是因为：落草梁山，便堵死了向上爬的道路；而投靠权门，有助于尽快达到他所设定的人生目标。一个人为了向上爬而无所不至，而丧失廉耻之心，杨志的所作所为，很难令读者佩服。

失陷生辰纲之后，杨志发迹的希望彻底破灭。这时，只有在这时，他才打消了向上爬的念头，显出他的豪侠面目：刚狠强硬，甚至带点无赖色彩。第十七回，他进入操刀鬼曹正的酒店：

> 杨志道："先取两角酒来吃，借些米来做饭，有肉安排些个，少停一发算钱还你。"只见那妇人（曹正浑家）先叫一个后生（曹正妻舅）来面前筛酒，一面做饭，一边炒肉，都把来杨志吃了。杨志起身，绰了朴刀便出店门。那妇人道："你的酒肉饭钱都不曾有！"杨志道："待俺回来还你，权赊咱一赊。"说了便走。
>
> 那筛酒的后生赶将出来揪住，被杨志一拳打翻了。那妇人叫起屈来。杨志只顾走，只见背后一个人赶来叫道："你那厮走那里去！"杨志回头看时，那人大脱膊着，拖条杆棒枪奔将来。杨志道："这厮却不是晦气，倒来寻酒家！"立脚住了不走。看后面时，那筛酒后生也拿条桠叉，随后赶来，又引着两三个庄客，各拿杆棒，飞也似都来。杨志道："结果了这厮一个，那厮们都不敢追来。"便挺了手中朴刀，来斗这汉（曹正）。

"一拳打翻""立脚住了不走""挺了手中朴刀，来斗这汉"以及杨志脑子里的念头，都异常凶狠。这是亡命之徒的心理和举动，与此前的杨志绝不相同。接下来他和鲁智深凭强力夺了邓龙的宝珠寺，正是这种刚狠强硬的性格使然。杨志有个绰号"青面兽"，他在酒店的所作所为让我们体会出了"青面兽"这个绰号的含义。

失陷生辰纲之后的杨志，其所作所为可与林冲的一段故事对照着看。

第十回，林冲在山神庙杀掉仇人陆谦、富安和差拨，提了枪，便出庙向东而去。走了两个更次，来到几间草屋里，向几个庄家借火烘衣服。这里的一段文字极有生气：

> 林冲烘着身上湿衣服，略有些干，只见火炭边煨着一个瓮儿，里面透出酒香。林冲便道："小人身边有些碎银子，望烦回些酒吃。"老庄客道："我们每夜轮流看米囤，如今四更，天气正冷，我们这几个吃尚且不够，那得回与你？休要指望。"林冲又道："胡乱只回三五碗，与小人荡寒。"老庄家道："你那人休缠，休缠！"林冲闻得酒香，越要吃，说道："没奈何，回些罢。"众庄客道："好意着你烘衣裳向火，便来要酒吃，去便去，不去时将来吊在这里。"林冲怒道："这厮们好无道理。"把手中枪看着块焰焰着的火柴头，望老庄家脸上只

一挑，又把枪去火炉里只一搅，那老庄家的髭须焰焰的烧着。众庄客都跳将起来，林冲把枪杆乱打。老庄家先走了，庄家们都动掸不得，被林冲赶打一顿，都走了。林冲道："都走了，老爷快活吃酒。"

这一段文字被许多读者忽略过去，又被许多读者怀疑：林冲怎会在逃亡途中，无端生出枝节？其实恰恰是在这里，表现出《水浒传》把握人物性格的出色之处。抢酒喝，为抢酒而打人，正是林冲此刻的性情。这一行为，算是他作为江湖人物的第一次亮相。在此之前，无论他是禁军枪棒教头，还是作为流配的犯人，他都是遵循"王法"的，而从手刃仇人那一刻起，他就不打算继续在王法内存身，他将亡命江湖。在命运急剧改变的时刻，他的行为反常，正是内心剧烈震动的表现。他向庄客要酒，因为他的确要一些酒来抵御寒冷的天气和内心的悲凉。他告别了王法，踏入了另一种他本不想置身其间的生活，没有理由再要求他在小节上注意。他手刃仇敌后的热血尚未冷却，所以当有人威胁要把他吊起来时，他的反应必然是激烈的。这表明他再也不会委曲求全。

"老爷快活吃酒"，这是江湖人物的口气，是李逵、阮小七的口气，是青面兽杨志的口气，是豹子头林冲的口气。青面兽杨志与豹子头林冲，这是两个异中有同、同中有异的人物。

　　说起杨志，还有必要提到索超。大名府梁中书手下，有三个大将，即大刀闻达、李天王李成、急先锋索超。这三个人中，索超武艺最佳，而偏他地位最低。后来索超之所以降顺梁山，一方面是由于宋江善于笼络，另一方面也是由于梁中书未尽其才，使之有怀才不遇之感。《水浒传》的一个细节是值得注意的：索超降顺梁山之日，与杨志执手话旧，各各流泪。他们何以流泪？想当初，东郭争功，索超与杨志比武，虎跃龙骧，不分高下，何等荣耀！那时，他们的人生理想是：一刀一枪，立功边庭，博个封妻荫子。谁知今日竟置身于绿林！英雄末路，能不慨然。当杨志、索超一辈人也站在宋江麾下时，高俅这些权贵们的末日也就到了。

梁山女侠

以漠然的态度对待女色，这是《水浒传》中大多数好汉的共性。《水浒传》在介绍晁盖时，说他"最爱刺枪使棒，亦自身强力壮，不娶妻室，终日只是打熬筋骨"。介绍宋江、卢俊义时，也少不了"宋江是个好汉，只爱学枪使棒，于女色上不十分要紧"，卢俊义"平昔只顾打熬气力，不亲女色"一类文字。

《水浒传》第三十八回的一个片段，以其浓郁的喜剧意味把梁山豪侠对女色的漠然兴高采烈地写了出来。李逵、张顺、宋江、戴宗四人饮酒中间，各叙胸中之事。正说得入耳，只见一个女娘，年方二八，穿一身纱衣，来到跟前，"深深的道了四个万福"，"顿开喉音便唱。李逵待要卖弄胸中许多豪杰的事务，却被他唱起来一搅，三个且都听唱，打断了他的话头。李逵怒从心上起，恶向胆边生，跳起身来，把两个指头去那女娘子额上一点，那女子大叫一声，蓦然倒地"。

《水浒传》写到这里，来了一句玩笑："怜香惜玉无情绪，煮鹤焚琴惹是非。"金圣叹评本在这里也不忘来上一句调侃："饶他三个指头，已算惜玉怜香矣。"李逵也自认还算手下留情，所以事后戴宗埋怨他惹事时，他辩解说："只指头略擦得一擦，他自倒了。不曾见这般鸟女子，怎地娇嫩，你便在我脸上打一百拳也不妨。"说得众人都笑起来。这一情节提示读者，"豪杰事务"与"怜香惜玉"难以共存，二者之间有着截然不同的情调。

《水浒传》偏爱"豪杰事务"，而不屑于"怜香惜玉"，却又在一百单八个好汉中，用心写了三位女侠，这究竟是怎么回事？

中国文学中的女英雄，最有名的当数北朝乐府诗《木兰诗》的花木兰了。一个女子替父从军，转战沙场，这是北方强悍民风的产物。然而在这首诗里，对于木兰在沙场上的经历，处理是虚化的，读者看不到实战的刀光剑影，也看不到木兰舞刀弄枪的正面描写。反而是在《木兰诗》的最后，木兰又回到闺房，着我旧时衣，穿我旧时裳，"当窗理云鬓，对镜贴花黄"，详细描写花木兰恢复女儿的本来面目。而梁山泊中的几位女性，她们比花木兰拥有更多的强悍之气，为文学史展开了又一道奇观。

提起梁山泊聚义之人，《水浒传》总说"泊子里好汉"，读者也习惯于这样说。这实在是个有意思的现象。

所谓"汉"，原是对于男子的俗称，《北齐书》里就有"何物汉子，我与官，不肯就"的用法。从这个意义上说，女子当然不能称为好汉了。但《水浒传》这么用，读者也这么说，似乎没有谁想到这里有个"歧视女性"的主义问题，也不感到有个"以偏概全"的逻辑问题。原因不仅在于水浒豪杰中男女比例的悬殊，也在于三位女侠的确是男性化的，读者甚至忘记了她们的性别。

三位女侠中最早出场的是孙二娘，在《水浒传》第二十七回。论出身，她是剪径贼的女儿，学得她父亲的一身本事。论职业，她嫁给菜园子张青，跟他一起在十字坡开黑店，明是卖酒，实是专等客商过往，"有那入眼的，便把些蒙汗药与他，吃了便死，将大块好肉，切做黄牛肉卖，零碎小肉，做馅子包馒头"。她在《水浒传》中是这样亮相的："门前窗槛边，坐着一个妇人，露出绿纱衫儿来，头上黄烘烘的插着一头钗环，鬓边插着些野花……系一条鲜红生绢裙，搽一脸胭脂铅粉，敞开胸脯。"武松刺配孟州，跟两个公人到她开的店里时，一眼就看出她"眉横杀气，眼露凶光"。武松装着被麻翻，两个伙计无法扛动武松那魁梧的身体。孙二娘就一边骂着，一边脱了衫儿，解了裙儿，赤膊着，"便来把武松轻轻提将起来"。她涂脂抹粉，说明她不懂得做一个淑女，而赤着膊，把武松轻轻提起来，则足以见出她的孔武有力。

张青开黑店还讲点原则，有三种人不杀：一是云游僧道，一是江湖上行院妓女，一是各处流配的犯人。孙二娘却不拿这规则当回事，她曾麻翻了一个头陀，又麻翻过鲁智深，这一次又想麻翻流配的武松，第一条和第三条戒律都犯了。如果张青称得上是好汉，那么孙二娘岂不比好汉更好汉吗？

顾大嫂在第四十九回出场。顾大嫂家里开着酒店，又杀牛开赌，她的职业如此。她的本事，据乐和说，三二十个人近不得她，连她的丈夫孙新也不如她。她的气质，最像男性中的黑旋风李逵。李逵是动不动就操起那两把大斧，顾大嫂是动不动就操起那两把尖刀。金圣叹评论说，写顾大嫂全用不着"窈窕淑女"四字。还有人评论说，顾大嫂是黑旋风变相，"写顾大嫂活是黑旋风"。

从外型和气质上看，顾大嫂和孙二娘属于一个类型，她们两人的外号也同样威风，一个叫母夜叉，一个叫母大虫。扈三娘与她们有所不同，她是"天然美貌海棠花"，绰号"一丈青"。她的英武，让人联想到"飒爽英姿五尺枪，曙光初照演兵场。中华儿女多奇志，不爱红装爱武装"的诗意："连环铠甲衬红纱，绣带柳腰端跨；霜刀把雄兵乱砍，玉纤将猛将生拿。"杨柳细腰，纤纤玉指，并不是《水浒传》要表现的，《水浒传》要表现的是她的英武。宋江二打祝家庄，好色的王英看到扈三娘是员女将，就急不可耐地冲上阵去，想把她捉来受用。可惜这是一朵带刺的玫瑰，斗到十几个回合，

他就招架不住，手颤脚麻，枪法也乱了，回身想逃时，早被
扈三娘轻舒猿臂，生擒活捉了去。军班弟子出身的欧鹏上来
救援，尽管他枪法精熟，也讨不到半点便宜。

　　归梁山之后，扈三娘也多次行擒对方的猛将。《水浒传》
虽未忘记她是一个美人，但更看重她是一员勇猛不输于男子
的女将。评点家金圣叹倒是念念不忘她的美貌。第六十三回
攻打大名府时，本来她的旗子上有"女将一丈青"五字，金
圣叹改写成"美人一丈青"。第六十四回梁山好汉与前来征
讨的关胜作战，原本是一丈青和使一杆长枪的郝思文对阵，
秦明和使一口钢刀的丑郡马宣赞对阵。金圣叹偏要改成一丈
青和丑郡马宣赞对阵，他认为这样一改，一美一丑，相映成
趣。结果和前后文照应不上，把几个人的武器都弄反了，成
了郝思文使刀，宣赞使枪，闹出笑话。其实，《水浒传》是
不在意这几员女侠的美丑的，倒是把一丈青嫁给王矮虎，似
乎含有对于美貌的嘲弄。

　　清民之际的黄人，他在所作《小说小话》中曾就《水浒
传》中的三个女侠发表看法说：

　　　　"天下无无妇人之小说"，此小说家之格言，
　　然亦小说之公例也。故虽粗豪如《水浒》，作者犹
　　不能不斜插潘金莲、潘巧云两大段，以符此公例。
　　即一百八人之团体中，亦不能无扈、顾、孙三人。

撇开潘金莲、潘巧云两人不论，《小说小话》对于《水浒传》描写扈、顾、孙的用意显然判断错了。小说中，似乎确有那么一种公例，在当代的影视作品中，这种公例表现得更像是一种法则了：一定要有一个美丽的女主角，否则就没了看头，没了"卖点"。而《水浒传》对三位女侠的描写却是有意打破这种公例。她们三人之所以能列入一百单八个好汉之中，不是因为她们是女性，而恰恰是因为她们已经充分地男性化、好汉化了。她们舞刀弄枪，闯荡江湖，而不是守在闺房里飞针走线；她们粗野豪爽，而不是温柔娴静；她们身强力壮，而不是弱柳扶风。她们的形象的确与"窈窕淑女"四字无缘。总之，她们既不符合传统社会对于女性的要求，也不符合一般文学作品所体现出来的对于女性的审美习惯。

《水浒传》对于女性豪侠的描写，其美学意义在于张扬一种阳刚之美，一种饱满的生命力量的美。这里有一个特殊的人文立场。从前的评论者因而多从生命力勃发的角度来欣赏母夜叉等人，如熊飞的《英雄谱图赞》："母夜叉卖人肉：宋家一朝壮气，尽淹没于诚正心意之争。士大夫谈兵色变，屈膝虏庭，况于巾帼妇人乎？母夜叉肝人之肉，登之刀俎，居为奇货，穷凶极恶，即粘没喝见之，亦应吐舌，中国所望吐气者，赖有此哉！"这话算是说到了点子上。

在人类历史的运行过程中，生命力、伦理与思想是三个缺一不可的因素。没有生命力，人类便不会有任何成就；但生命力倘若无节制的奔放，倘若摆脱伦理与思想的指导，那也会对人类造成极大的危害。神话传说中的共工，"怒而触不周之山，折天柱，绝地维"，生命力是伟大的。但这种生命力并未给人类带来好处，相反，"天倾西北"，"地不满东南"，宇宙和谐遭到破坏，共工也理所当然地被视为兴风作浪的恶神。因此，对生命力必须加以约束、引导，使之逐步臻于完善、健全的境界。我们的祖先是很早就懂得这一道理的。孔子说，"狂者进取"，就表达了对生命力的崇拜，但同时又肯定"劳而无怨""在邦无怨，在家无怨"的人格修养。中国古代文论中的"发乎情，止乎礼义"，"喜怒哀乐之未发，谓之中；发而皆中节，谓之和"，所追求的正是生命力与伦理、思想的协调。《水浒传》偏于张扬生命力的美感，对伦理和思想花的笔墨稍少一些，这一点，读者应该胸中有数。

梁山好汉的十八般武艺

十八般武艺，究竟包括哪些名目？说法各有不同。《水浒传》第二回提供了一种说法：

矛锤弓弩铳，鞭简剑链挝。

斧钺并戈戟，牌棒与枪杈。

这一回写道："史进每日求王教头点拨，十八般武艺，一一从头指教。""前后得半年之上，史进把这十八般武艺，从新学得十分精熟。多得王进尽心指教，点拨得件件都有奥妙。"梁山好汉中，史进不算出色，可以想见，十八般武艺件件精熟的人物，当还有不少。

细数《水浒传》全书，好汉所使用的武器，以刀和枪为多，但却没人使用过剑。而剑，在古代诗文中，那是最地道的行侠武器。

剑被古人称为百兵之祖。在诸种兵器中，也以对剑的描写最多，最富神奇色彩。先秦典籍里都有不少名匠用生命殉剑的记载。还有神龙化剑、剑化为龙的传说。《晋书·张华传》里说：张华博学多识，吴国未灭时，他常见吴地丰城一带有紫气上达于天，认为那里必有异物。灭吴后，他让好友雷焕担任丰城令，在那里掘出两柄宝剑，一名龙泉，一名太阿。雷焕将宝剑一送张华，一自佩，并说："灵异之物，终当化去。"雷焕死，其子佩剑过延平津，剑忽从腰间跃出，投于水中。派人看时，只见水中两条游龙，各长数丈，蜿蜒浮动。后世诗人要表示一种豪气，总是写仗剑出游。唐代诗人李白以剑侠自居，"顾余不及仕，学剑来山东"（《五月东鲁行答汶上翁》）。失意时则"弹剑徒激昂，出门悲路穷"（《赠从兄襄阳少府皓》），"拔剑四顾心茫然"（《行路难》）。文人，即使是手无缚鸡之力的文人，他们来了豪兴时，也要写一把仗剑横行的感受，影响所及，文人化的才子佳人小说里的才子，有的智勇兼备，他们所佩戴的也常常是剑。剑是表达侠气与豪情的意象，《水浒传》里，却没有哪一个好汉以剑为武器，《水浒传》有意与传统文人的审美趣味立异，由此可见。

总体上看，既然"剑"已经被文人们用滥了，已经失去其生猛泼辣的气质，水浒英雄就换用另外一些武器。这些武器，带给读者一种实实在在的感觉，而不像文人手持利剑，只是表示侠气而已。这是水浒好汉生猛泼辣的地方。而李逵的两把大斧，尤其令人印象深刻。这是一种利于贴身近战的武器，要用板斧冲锋杀人，则只能拼命向前，否则是轮不到他立功的。这柄板斧，可以说是李逵性格的标记。《水浒传》第四十三回给李逵来了这样一首诗：

> 家住沂州翠岭东，杀人放火恣行凶。
>
> 因餐虎肉长躯健，好吃人心两眼红。
>
> 闲向溪边磨巨斧，闷来岩畔斫乔松。
>
> 有人问我名和姓，撼地摇天黑旋风。

　　李逵的板斧，配上他的绰号"黑旋风"，真有一种撼动乾坤的力度。

　　水浒好汉以武会友时，多使用棍棒。比如第二回，史进不服王进，要和他较量一番，第九回，林冲与洪教头较量，用的都是棍棒，输掉的一方只是倒在地上挣扎不起而已。大概以武会友时，用棍棒误伤人命的概率较低吧。好汉单独行动，作为防身武器，也常常用棍棒。如武松回故乡探望兄长，一路带着哨棒。水浒好汉也用尖刀，但主要用在手刃仇敌时。第七回，林冲要寻那个不讲义气的陆虞候算账，拿了一把解腕尖刀。第十回，林冲听说陆虞候竟赶到沧州来害他，心下大怒，上街去买了一把解腕尖刀，带在身上。这次他的武器真派上了用场。山神庙前，他用枪搠倒陆虞候，用脚踏住胸脯，取出那口刀来，骂道："奸贼！我与你自幼相交，今日倒来害我，怎不干你事？且吃我一刀！"武松斗杀西门庆，手刃潘金莲，都用尖刀。看来，哨棒与尖刀算不上好汉的看家兵器，而只在专门场所使用。一百单八人中，宋江大概武艺不佳，弄不清他的看家武器，只知他在怒杀阎婆惜时用了尖刀。

现代武侠小说中，侠客的三件本领常见于描写，一是剑术，一是拳术，一是轻功。而《水浒传》对于剑术和轻功是不描写的，写得较多的是拳术。

所谓"轻功"，大致说，主要是一种来源于想象的功夫。唐人传奇《红线》中的红线，能用三个时辰，往返七百余里。《聂隐娘》里的聂隐娘，能够"白日刺其人于都市，人莫能见"，而另一个侠客妙手空空儿比聂隐娘更加神奇，"能从空虚之入冥，善无形而灭影"，神奇到连影子也没了。不妨这样说，武侠小说对于侠客轻功的描写，他们能飞多高，能飞多远，跟作者的想象是成正比的，或者说，侠客们离地有多高多远，作品中的侠客离现实中的侠客就有多远。而《水浒传》中的侠客，却与现实有较多的对应，他们行侠仗义，也为自己的生计挣扎。另外，轻功具有一种舞蹈美，对于轻功的描写，多见于女侠，或是风流倜傥的男性。因为轻功重在"轻灵曼妙"而不是阳刚之气。《水浒传》要把梁山好汉写成粗重厚实的人物，所以，一百单八人中，是没有人会轻功的。戴宗日行千里，那是法术，不是轻功。而唯一可与轻功扯上关系的人物，可能要算时迁，但《水浒传》在写他智盗神甲时，突出的是他的精细小心，说白了，只是突出他作为小偷的本领。

水浒好汉的拳脚功夫，见于描写的，主要有这几处：武松醉打蒋门神，武松斗杀西门庆，燕青智取任原。鲁智深的拳脚功夫，见于怒打镇关西，只是一个"阔绰"，三拳两拳解决问题，并无什么招法；他倒拔垂杨柳，是一股神力，也无招法，无非是写他性格的厚实阔大。武松是讲究招法的，除了景阳冈打虎和抛石墩的神力以外，在醉打蒋门神时有招有式：

> 蒋门神见了武松，心里先欺他醉，只顾赶将入来。说时迟，那时快，武松先把两个拳头去蒋门神脸上虚影一影，忽地转身便走。蒋门神大怒，抢将来，被武松一飞脚踢起，踢中蒋门神小腹上，双手按了，便蹲下去。武松一踅，踅将过来，那只右脚早踢起，直飞在蒋门神额角上，踢着正中，望后便倒。武松追入一步，踏住胸脯，提起这醋钵儿大小拳头，望蒋门神脸上便打。原来说过的打蒋门神扑手：先把拳头虚影一影，便转身，却先飞起左脚，

踢中了，便转过身来，再飞起右脚。这一扑，有名
唤做"玉环步，鸳鸯脚"。这是武松平生的真才实
学，非同小可。

现代武侠小说中的拳术，不仅有各门各派的区别，也有
侠客个性的区别。令狐冲使用无招无式的剑法，因为他天性
随意。郭靖使用降龙十八掌，因为这体现了他的刚毅有为。
看惯了这类小说的读者，也许并不觉得武松这两招有什么
"非同小可"。如果留意到这是长篇武侠小说发轫期的描写，
感觉就大不一样了。在《水浒传》以前，对于侠的武功描写
粗略之至，像大侠荆轲，陶渊明便曾感叹他"惜哉剑术疏，
奇功遂不成"，侠的武功与侠的气质相比，是居于次要地位
的。《水浒传》写武功，则是花了大气力的。

梁山好汉中，另有一人武功了得，就是燕青。他特别善
于相扑，按今天的看法，可能即是摔跤。《水浒传》写到四
人擅长相扑，一是燕青，一是高俅，一是任原，一是蒋门神，
而以燕青功夫最好。他赢了三年泰岳争交无敌手的任原，靠
的是巧。还赢了高俅，给梁山好汉出了一口恶气。连天不怕
地不怕的李逵，见了燕青也发怵。

梁山好汉的武功，反映出人的厚重、泼辣、生猛，体现
出一种原始的力量，生命的力量。这才是梁山好汉的真功夫。
现代武侠小说中的武功描写，招式新奇，反映的是武侠小说

对侠的塑造越来越富于想象力的趋势。而实际上，侠的武功
到底高到什么程度，《水浒传》的描写无疑更为可靠。

梁山好汉的结局

　　北宋苏轼在思考一个王朝如何才能长治久安的问题时，写过一篇文章，题为《游士失职之祸》。苏轼认为，民众中的豪杰之士，他们既然有着过人的长处，就不会甘于贫贱，而必然想方设法出人头地，迫不得已时，甚至不惜犯上作乱。他还举例说，六国之时，豪杰之士为朝廷所用，所以虽贫弱而没有灭亡；秦朝让豪杰之士无路进身，所以很快灭亡。一个社会，必须给豪杰之士提供生存发展的空间。

　　前人评水浒英雄，曾说过："吴用运筹帷幄，大有过人处，可惜失身小用，如韩延寿之投契丹，张元之归赵元昊也。故贤宰相收罗人材为主，困穷不售，不特失我良臣，更资敌国。"（清初陈忱《水浒后传论略》）"鲁智深、杨志，却是两员上将。只为当时无具眼者，使他流落不偶。若庙堂之上，得有一曹正、张青其人者，亦何至此哉？李卓吾为之放笔大哭一场。"（容与堂本第十七回评语）这些评语强调了一点，朝廷不能重用豪杰之士，是注定要出娄子的。

梁山好汉因为无法进身，有的甚至横遭迫害，不得已而失身于江湖。朝廷既然招安了他们，惩于前失，按说该认真思考一下对他们的任用吧。但是不，朝廷想方设法要把这些人置于死地。庙堂重臣总把梁山好汉视为有反骨的人物，不只是提防，而是痛下狠手。

朝廷也"重用"了五个水浒人物：安道全，皇甫端，金大坚，萧让，乐和。安道全是一名神医，皇甫端是一名相马专家，金大坚与萧让精通书法篆刻，而乐和则精于唱曲。这五人都是技术型专家，所以宋王朝虽然并不放心水浒好汉，却对此五人首先加以任用。

这五人之外，其他的梁山好汉是什么样的结局？这正是我们要讨论的。

梁山好汉接受招安之后，以惨重牺牲为代价替朝廷立下了汗马功劳。在征方腊的战场上，梁山好汉不断有伤亡发生。仅首战攻打润州一役，就损失了三位。一个是云里金刚宋万，一个是没面目焦挺，一个是九尾龟陶宗旺。嗣后陆陆续续战死的有韩滔、彭玘、郑天寿、曹正、王定六、宣赞、施恩、孔亮、郝思文、张顺、周通、张清、董平、雷横、龚旺、索超、邓飞、刘唐、鲍旭、侯健、段景住、阮小二、孟康、解珍、解宝、王英、扈三娘、李衮、项充、燕顺、马麟、郭盛、吕方、史进、石秀、陈达、杨春、李忠、欧鹏、张青、丁得孙、单廷圭、魏定国、李云、石勇、秦明、郁保四、孙二娘、邹渊、杜迁、李立、汤隆、蔡福、阮小五等。另有"患病在杭州的张横、穆弘等六人，朱富、穆春看视，共是八人在彼。后亦各患病身死，止留得杨林、穆春"。班师回朝时，"止剩得三十六员回军"。途中又有杨志、林冲、杨雄、时迁死亡及鲁智深坐化、武松出家、燕青漫游江湖、李俊等三人自没化外国。

衣锦还乡，梁山好汉仅剩正偏将佐二十七员。"除先锋使另封外，正将十员，各授武节将军，诸州统制。偏将十五员，各授武奕郎，诸路都统领。管军管民，省院听调。女将一员顾大嫂，封授东源县君。"（第九十九回）这样的结局，表面看来还差强人意。然而，对这些来自梁山的英雄好汉，朝廷重臣或朝中奸臣无论如何是不会放心的。兔死狗烹，鸟尽弓藏，这种事情迟早要发生。戴宗看出了这一点，于是他纳还官诰，"去到泰安州岳庙里"陪堂出家；柴进看出了这一点，"辞别众官，再回沧州横海郡为民，自在过活"；李应看出了这一点，"缴纳官诰，复还故乡独龙冈村中过活。后与杜兴一处作富豪，俱得善终"；阮小七也回到梁山泊石碣村，"依旧打鱼为生"。"朱武自来投授樊瑞道法，两个做了全真先生，云游江湖，去投公孙胜出家，以终天年。"只有宋江、卢俊义等依旧在任，而他们的结局是被朝廷送来的毒酒毒死。

宋江被毒死的情形是这样的：

> 宋江自饮御酒之后，觉道肚腹疼痛，心中疑虑，想被下药在酒里。却自急令从人打听那来使时，于路馆驿却又饮酒。宋江已知中了奸计，必是贼臣们下了药酒，乃叹曰："我自幼学儒，长而通吏，不幸失身于罪人，并不曾行半点异心之事。今日天子信听谗佞，赐我药酒，得罪何辜！我死不争，只有李逵见在润州都统制，他若闻知朝廷行此奸弊，必然再去啸聚山林，把我等一世清名忠义之事坏了。只除是如此行方可。"……连夜使人往润州唤取李逵星夜到楚州，别有商议。（第一百回）

宋江之所以骗李逵来喝毒酒，是怕李逵重上梁山。待李逵喝下毒酒后，宋江推心置腹地对他说："兄弟，你休怪我！前日朝廷差天使赐药酒与我服了，死在旦夕。我为人一世，只主张忠义二字，不肯半点欺心。今日朝廷赐死无辜，宁可朝廷负我，我忠心不负朝廷。我死之后，恐怕你造反，坏了我梁山泊替天行道忠义之名。因此请将你来，相见一面。昨日酒中已与了你慢药服了，回至润州必死。你死之后，可来此处楚州南门外，有个蓼儿洼，风景尽与梁山泊无异，和你阴魂相聚。我死之后，尸首定葬于此处，我已看定了也！"

说完，泪落如雨。梁山英雄为朝廷建功立业，却落得这样的结局。

晚明李贽《忠义水浒传序》将《水浒传》解读为发愤之作，他以接受招安以后的情节为依据，确信这是一部表彰忠义的作品：

> 然未有忠义如宋公明者也。今观一百单八人者，同功同过，同死同生，其忠义之心，犹之乎宋公明也。独宋公明者，身居水浒之中，心在朝廷之上，一意招安，专图报国，卒至于犯大难，成大功，服毒自缢，同死而不辞，则忠义之烈也，真足以服一百单八人者之心，故能结义梁山，为一百单八人之主。最后南征方腊，一百单八人者阵亡已过半矣，又智深坐化于六和，燕青涕泣而辞主，二童就计于混江。宋公明非不知也，以为见几明哲，不过小丈夫自完之计，决非忠于君、义于友者所忍屑矣。是之谓宋公明也。是以谓之忠义也。

李贽强调，这些为朝廷建立了丰功伟业的梁山英雄，虽受残酷迫害而忠心不改，更显出了梁山好汉的"忠义"。的确，宁可束手待毙，也决不背叛朝廷，宋江生活的唯一目标似乎就是要证明他是忠臣。可以放弃自己的生命，可以放弃随他赴汤蹈火的那些兄弟的生命，但不能放弃对朝廷的忠诚。由此看来，宋江的"忠"，不是用他个人的生命来证明的，而是用他的诸多兄弟的生命来证明的。明人称《水浒传》的百回繁本为《忠义水浒传》，就是基于李贽所说的这些事实。

千里马常有而伯乐不常有。对于一个王朝来说，能够发现人才，任用人才，这个王朝才能生机勃勃。《水浒传》里写好汉所骑的马，不是称为骏马，而是称为劣马。这是一个很有意思的称号。劣马，性格暴烈，不是那么容易驯服的，而上阵打仗却最有用处。要有人识马，要有人会驯马。害怕豪杰之士，结果只会为渊驱鱼，为丛驱雀，逼他们走到自己的对立面。

杨志押送生辰纲之前曾说："今岁途中盗贼又多，甚是不好。此去东京，又无水路，都是旱路。经过的是紫金山、二龙山、桃花山、伞盖山、黄泥岗、白沙坞、野云渡、赤松林，这几处都是强人出没的去处。更兼单身客人，亦不敢独自经过，他知道是金银宝物，如何不来抢劫？"盗贼蜂起只有在朝廷失德的情况下才会出现。容与堂本第五十七回李和尚的评论，记载有当时一位读者的反应。一个僧人读到《水浒传》三山聚义这一段，见桃花山、二龙山、白虎山都是强盗，叹息说，当时的强盗怎么那么多，李和尚幽默地答道：君不见当时朝廷里的强盗更多。梁山好汉的结局，不免令人再次想起"逼上梁山"的话来。

第三讲

《西游记》

《西游记》综述

　　《西游记》的神魔故事以浓郁的神话色彩见长。尤其是孙悟空的形象，可以激励冒险精神。无论是大闹天宫，还是西天取经，所有故事都突出了勇往直前的冒险精神。像猪八戒那样，动辄提议散伙，意志薄弱，是小说取笑的对象。对冒险精神的渲染和鼓励是《西游记》特别富于魅力之处。

　　据《旧唐书·方伎传》和其他野史笔记的记载，唐太宗贞观三年（629），青年和尚玄奘（602—664）为了辨明佛经的真伪，偷越国境，独自一人出玉门关，经新疆北道，越葱岭，出热海，经过百余"国"，跋涉五万余里，到达天竺（今印度）。历时十七年，于贞观十九年（645）取回梵文佛经六百五十七部，在朝廷资助下设立译场，主持翻译佛经的工作。其弟子辩机根据他的讲述写成《大唐西域记》，记叙了取经途中的艰难困苦和异域风情。另外两个弟子慧立、彦悰所著《大唐大慈恩寺三藏法师传》，为了颂赞师父，弘扬佛法，夸张地描述取经事迹，一部分故事已近于传说。

西游故事在民间流传过程中不断得到丰富、发展，离历史上真人真事的本来面目越来越远。而唐僧取经由历史故事转变为神魔故事，则首先得力于唐宋寺院"俗讲"的盛行。南宋时刊印的《大唐三藏取经诗话》、元代的《西游记平话》（已佚）及杨讷的《西游记杂剧》等，改变了取经故事的面貌，不仅孙悟空取代唐僧成了西游故事的主角，沙和尚、猪八戒也先后加入取经队伍，人的故事变成了以神魔为主体的故事。

《西游记》的写定者，一般认为是吴承恩。吴承恩（约1500—1582），字汝忠，号射阳山人，明代山阳（今江苏淮安）人，出身于一个由书香门第破落而为小商人的家庭。他自幼聪慧好学，博览群书，以文名著于乡里。他早年希望以科举进身，但科场不利，四十三岁才补岁贡生。五十四岁就任浙江长兴县丞，不久，耻于折腰，拂袖回到故乡，长期过着闭门著书的生活。《西游记》是其主要著作。其诗文集有后人所辑的《射阳先生存稿》。另撰有志怪小说集《禹鼎志》，已佚。

通行的百回本《西游记》，可大体上分为三个部分。

前七回是第一部分，写美猴王出世、求道、闯龙宫、搅冥府、闹天宫，集中描绘孙悟空追求无拘无束生活的经历。他破石而生，"不伏麒麟辖，不伏凤凰管，又不伏人王拘束"，在社会关系上本来就是自由的，但他仍不满足，还希望"不生不灭，与天地山川齐寿"，彻底摆脱自然规律的束缚，获得"绝对自由"。他因此而与冥王发生冲突，并发展到大闹天宫。孙悟空竖起"齐天大圣"的旗帜，喊出"皇帝轮流做，明年到我家"的口号，把十万天兵天将打得落花流水。大闹天宫是《西游记》写得最有生气的部分。

《西游记》第八回至第十三回写如来说法、观音访僧、魏征斩龙、太宗入冥、刘全进瓜和玄奘奉诏取经，交代取经缘起，在结构上主要起组织情节的作用。这是第二部分。

第十四回至第一百回是第三部分，是《西游记》的主体，包括相对独立而又相互关联的四十一个故事，以师徒四人去西天取经作为线索连接成一个有机的整体。这一部分集中表现了孙悟空坚韧不拔的意志和乐观性格。他一路降妖伏魔，克服了种种困难，堪称历险故事的英雄，但他仍然以"我是历代驰名第一妖"自负，大体上还保持着大闹天宫时期的性格特征。《西游记》最后将他定格为"斗战胜佛"，仍与他早期的形象一致。

《西游记》充分体现了一部优秀的幻想小说应该具备的长处：无一事不幻，无一事不真，亦幻亦真，具有假想的真实感。小说为读者创造了一个幻想的世界，带有极大的神奇性。写环境奇特，这里有流沙河，"鹅毛飘不起，芦花定底沉"，还有火焰山，"八百里火焰，四周寸草不生。若过得山，就是铜脑盖、铁身躯，也要化成汁哩"。写武器神奇，这里有芭蕉扇，扇着人，要飘八万四千里远，而且此扇可以缩小到像一个杏叶儿，含在嘴里。孙悟空的如意金箍棒是最有名的，大起来可以顶天立地，小起来又可以像一根绣花针，有时还能变成数千条。这样形形色色的描写是够奇幻的了，但又极富真实感。一方面，无论这个幻想世界怎样神奇，它毕竟有着一定的现实生活的依据；另一方面，神话人物、神话环境和各种神奇的法宝和谐统一，幻想世界自身的统一性也给人以真实感。

《西游记》这个亦幻亦真的特点在塑造孙悟空和猪八戒的形象时体现得尤为鲜明。作品善于将社会化的个性、超自然的神性和某些动物特性融为一体，合情合理地展现出神话人物的独特风采。比如孙悟空，他的原型是猴，因而会攀援，爱吃果子，生就一副"雷公嘴，孤拐脸，火眼金睛"。作为神魔，他具有超凡的本领，擅长七十二般变化。而他的这种超自然的神性，又是与其动物性融合在一起的。猴子生性灵巧，所以孙悟空什么都会变，变什么像什么，变大、变小、变男、变女都行。比较起来，原型是猪的八戒，变化起来就笨拙得多。他能变石块、变土墩、变大象、变骆驼，所有笨东西他差不多都能变，但却变不成轻巧漂亮会飞的东西。一次他想变个女孩，头是勉强变了，无奈肚子胖大，还是个大汉身架。这说明，即使在写神性时，作者也考虑到了其动物特性。而孙悟空的心高气傲、猪八戒的好色，这种社会性品格，也令人想见猴的神态和猪的某种习性。

《西游记》的情节是游记性的，行动和奇遇构成其主体部分。由于各个故事具有相对的独立性，这部作品可以说是若干个短篇或中篇的串联组合。但这一百回同时又是一个有机的整体。其一，唐僧师徒四人的活动贯穿《西游记》始终，他们一直处于故事的中心。其二，各个不同故事的主角之间，存在某种联系。比如"智擒红孩儿"中的红孩儿与"路阻火焰山"中的铁扇公主、牛魔王，就是亲属关系：红孩儿是牛魔王和铁扇公主的儿子。悟空来到火焰山前，铁扇公主之所以不肯借扇，就是因为要报悟空的"害子深仇"。其三，《西游记》用了多种方式让前后情节形成照应关系。悟空每次和新的对手交锋，差不多都要炫耀一番大闹天宫的辉煌经历，这是经常使用的照应手法。至于《西游记》第九十九回完整地罗列九九八十一难，则是用归纳全书的方式，维护小说的整体感。

《西游记》的语言运用也有特色。它往往在描写人物交锋前用韵语表明双方身份，交手后用韵语渲染紧张气氛，而在一般情况下则用散文，有张有弛，颇合所谓劳逸相参的"文武之道"。其叙述描写语言，明快诙谐，带有浓郁的作家个人的色彩。其人物语言，虽然因大多数神魔被漫画化而难以做到个性分明，但主要人物孙悟空、猪八戒、唐僧、沙和尚的口吻却颇见性情。孙悟空的心高气傲（如自称"老孙"）、猪八戒的"老实"（如口口声声"我老实，不晓得"）、唐僧的书生腔、沙和尚的老成持重，他们的语言就是他们性格的写照。

《西游记》中的仙

　　说到仙，人们自然而然地想起"神仙"一词，并认为"神"即是"仙"，"仙"即是"神"，两位一体。其实，"神"与"仙"是有区别的。"神"的产生要比"仙"早，它是人类对自然万物做出的神秘解释。而仙是道教产生以后的说法，指的是长生不老的人。只是，在普通民众那里，"神"与"仙"早已混为一谈，他们不仅对原始社会就已产生的"神"与后来道教的"仙"不做区别，对外来佛教的佛、菩萨等也以神仙看待：雷神、太上老君、观音菩萨都是神仙，他们从不同的方面保佑着人类。《西游记》就反映了这种民俗。第二十四回，孙悟空在五庄观质问土地神伤了他的人参果时，土地神辩解道："大圣错怪了小神也。这宝贝乃是地仙之物，小神是个鬼仙，怎么敢拿去？就是闻也无福闻闻。"一方面称自己是"神"，一方面又说是"鬼仙"，"神"与"仙"是不分的。既然"神仙"已成为"神""仙""佛"的约定俗成的统称，我们也尊重这一用法，但在单独用"仙"这一术语时，仍偏于道教所赋予的含义。

成仙是许多人梦寐以求的事情，也是道教的终极目的。如何成仙呢？服丹是最主要的方式。得到仙丹有两种可能。一是遇仙。一个有仙缘的人，遇到仙人，仙人往往赠他一粒仙丹，吃了后即可成仙，享受长生不老、自由快乐的生活。这是成仙的最好、最便捷的办法。但这种事情可遇不可求，没有仙缘，再努力也是白搭。二是炼丹。据说只要用心专一，方法得当，就可炼成金丹。《西游记》中作为道教教主的太上老君，他就是一位炼丹的专家。这个定位也许与道教中太清道德天尊（太上老君）的形象有些出入，但比较接近老百姓的认识。

在《西游记》中，王母娘娘的蟠桃和万寿山五庄观的人参果，吃了也可以成仙。

王母娘娘的蟠桃园是仙界的长寿标志："前面一千二百株，花微果小，三千年一熟，人吃了成仙了道，体健身轻。中间一千二百株，层花甘实，六千年一熟，人吃了霞举飞升，长生不老。后面一千二百株，紫纹缃核，九千年一熟，人吃了与天地齐寿，日月同庚。"（第五回）难怪这些参加蟠桃会的神仙们都长生不老了。万寿山五庄观的人参果也是"三千年一开花，三千年一结果，再三千年才得熟。短头一万年"才得吃，"闻一闻，就活三百六十岁；吃一个，就活四万七千年"。（第二十四回）由此，我们也就理解，镇元大仙的两个徒弟清风和明月，何以一千二百岁还被称为"道童"了。

王母娘娘的蟠桃园因为悟空的偷吃而备受瞩目，五庄观的人参果树也因为被悟空连根拔起享有盛名。悟空偷吃了人参果，被清风、明月发现，破口大骂，大圣一怒之下，把人参果树连根拔起，带领师徒众人连夜逃走。镇元大仙从西天回来，要悟空赔他人参果树，悟空和八戒不是对手，被镇元大仙笼在袖中。半夜里，悟空使个缩身法挣脱绑绳，带唐僧等人偷偷逃走，又被镇元大仙逮住。最后，镇元大仙与悟空达成协议：只要悟空医活人参果树，就与悟空八拜结交。悟空遍游蓬莱、方丈和瀛洲，没有找到医树药方，只有恳求观音菩萨救助。观音菩萨妙手回春，医活了人参果树。"镇元子却又安排蔬酒，与行者结为兄弟。这才是不打不成相识，两家合了一家。"（第二十六回）如同太上老君视仙丹为宝贝一样，镇元大仙也把人参果树当成命根子。

其实，太上老君的仙丹也是因为悟空的偷吃而出名的。《西游记》第五回，王母娘娘召开蟠桃会，没有请大圣出席，孙悟空变作赤脚大仙的模样，偷喝仙酒，糊里糊涂地撞到了兜率宫太上老君的住处。大圣将错就错，准备顺访老君，却不料老君与燃灯古佛正在朱陵丹台上给众仙讲道。大圣没见到老君，就独自进了老君炼丹房，正巧老君盛丹的五个葫芦都在那里，大圣一时兴起，不管生的熟的，如吃炒豆般吃了个干干净净。

道教的仙人，与凡人最大的不同之处主要有二：长生不老；来去自由。

先说长生不老。玉皇大帝是仙界的至尊。只是，论法力他比不上如来佛祖，论法宝他比不上太上老君；既没有看到他降妖，也没有见到他除魔，他凭什么让仙界的诸位神仙服他，乖乖地听他任用？《西游记》第七回，如来与悟空的一段对白颇能说明问题：

> 大圣道："我本天地生成灵混仙，花果山中一老猿。水帘洞里为家业，拜友寻师悟太玄。炼就长生多少法，学来变化广无边。因在凡间嫌地窄，立心端要住瑶天。灵霄宝殿非他久，历代人王有分传。强者为尊该让我，英雄只此敢争先。"佛祖听言，呵呵冷笑道："你那厮乃是个猴子成精，焉敢欺心，要夺玉皇上帝龙位？他自幼修持，苦历过一千七百五十劫。每劫该十二万九千六百年。你算，他该多少年数，方能享受此无极大道？你那个初世为人的畜生，如何出此大言！不当人子！不当人子！折了你的寿算！"

玉皇大帝有哪一点是悟空不能比拟的呢？是他的资历，是他"自幼修持"的资历。这是玉皇大帝无仙可比的资本。"他该多少年数，方能享受此无极大道？"玉皇大帝的所谓资历，是以长生不老为前提的；他在所有长生不老的仙人中，又是资历最深的。悟空虽也到了长生不老的境界，可是资历太浅，不值一提，所以受到如来佛祖的调侃。

仙人与凡人的第二个不同是来去自由。神仙一般都神通广大，擅长腾云驾雾。近年发掘的大量仙女飞翔的壁画以及民间流传的仙女下凡婚配的故事就反映了仙人的这个特征。《西游记》中，就连猪八戒这样的笨鸟都能驾云，更不用说孙悟空一个跟头十万八千里了。这些仙人不存在距离上的困难，想到哪里就到哪里。这种超常性与我们古人步履维艰的现实生活和无法摆脱的尘世束缚正好成为对照。或者说，现实的窘迫在当下不能解决的情况下，人类往往会诉诸想象。

仙人可分为三种：天仙、地仙和散仙。天仙一般是指在天宫任职的各路神仙，六丁六甲、五方揭谛、四值功曹、一十八位护教伽蓝、二十八宿、九曜星官等都属此类。他们就像古代在京城做官的朝臣，除了保驾护驾外，还协助皇帝处理各种事务。《西游记》中，在孙悟空大闹天宫时，天仙的这种职责就体现了出来。先是外交官太白金星前去斡旋、招安，接着李靖、哪吒父子带领天兵天将前去围剿，未果，地仙二郎神杨戬又前去捉拿。所谓地仙，顾名思义就是指在人间活动的神仙。他们就像古代的地方官，分散在各个地区，按照君王的旨意治理一方，行使自己的职权。地仙的范围较广，不仅包括陆地上的神仙，如镇元大仙等，还包括十洲三岛的海中神仙，如蓬莱仙岛的寿星、福星、禄星。散仙是指编制外的仙人，这类仙人没有名分，不拿俸禄，居无定所，无牵无挂。早年的孙悟空就是一个散仙。他在花果山上安营扎寨，"跳出三界外，不在五行中"（第三回），天上、人间、海底、幽冥界随处玩耍，典型的一个"无事佬"。

　　仙人的生活是什么样的呢？仙人生活最大的特点是清闲，其魅力在此，其令人难以忍受也是因此。所有凡人需要劳碌的事情，在仙人那里都不存在。他们做得最多的事情就是下棋。《西游记》第二十六回，孙悟空访蓬莱时，"正然走处，见白云洞外，松阴之下，有三个老儿围棋：观局者是寿星，对局者是福星、禄星"。到瀛洲时，"只见那丹崖珠树之下，有几个皓发蟠髯之辈，童颜鹤鬓之仙，在那里着棋饮酒，谈笑讴歌"。这里，下棋的主要功能是消磨时间。许多仙人之所以下凡，就是因为仙界生活过于单调，缺少乐趣，即所谓"生命中不能承受之轻"。

　　任何自由都是在一定的规则范围之内的。仙人们虽然悠闲自在，但触犯了仙界的规则一样要受到惩罚。二十八宿中四木禽星所说的"我等不奉旨意，谁敢擅离"（第九十二回），是对这一事实的很好注释。卷帘大将沙僧只因在蟠桃会上失手打碎了玻璃盏，就被玉帝打了八百下并贬到下界。天蓬元帅不知深浅，居然借酒调戏嫦娥，结果被罚两千锤，贬下凡尘，成了猪八戒。如果说，玉帝对沙僧的惩罚过于严厉的话，那么对猪八戒的处置则并不过分，甚至显得轻了一些。因为，猪八戒犯了仙人的大戒——色戒。猪八戒心里也有底，不然他不会对开脱他死罪的太白金星毕恭毕敬的。《西游记》第三十一回，二十八宿之一的奎木狼欲与披香殿传香的玉女私通，他们深知仙界的规矩，不敢在天宫交欢，只好下凡到人间做夫妻。事情暴露后，玉帝只是贬他为太上老君烧火炼丹。从这一点来看，奎木狼确实比猪八戒聪明得多。

《西游记》中的鬼

　　如果说仙是长生不老的人，那么，鬼就是去了阴间的人。

　　我们的先人在构造了令人神往的仙界的同时，还设想了一个并不单调的阴间。从大量六朝志怪看得出来，先人们所设想的阴间，不是一个万籁俱寂、只有恐怖的所在，也时有几许亮色。首先，人死了，并不是去了一个我们所不知道的地方，并不是没有知觉地在阴寒潮湿的泥土中发霉腐烂，并不是彻底地消失，鬼有自己的生活空间——阴间。在中国土生土长的民间信仰中，阴间的首府在泰山，主事的是泰山府君。佛教输入中国以后，逐渐形成了阴曹地府的说法，阎罗王也终于走红，取代了泰山府君的地位。阎罗王又称阎摩罗王或阎王爷，简称阎王，是印度古神之一，原意为"地狱的统治者"或"幽冥界之王"。据说他能判人生前之罪，加以赏罚。阎罗王的走红，正应了一句俗话：外来的和尚好念经。其二，鬼的生活时有丰富多彩之处。六朝志怪经常写到鬼与人的交往，由此可以想见鬼的风采。比如，蔡伯喈之鬼与王瑗之谈诗，"揆古论今，靡所不诣"（《齐谐记·王瑗之》）；王弼之鬼与陆机谈玄，"妙得玄微"（《异苑·陆机》）；荀氏《灵鬼志》中那个教嵇康演奏《广陵散》的鬼，雍容大度，文辞清辨。人活着时的某些特殊才情，大约是可以带到阴间去的。鬼还有一些人所不具的禀赋，例如王彪之母能事先知道未来将要发生的事情，帮助儿子避免了"奇厄"（《幽明录·王彪之》）；梁清希望去某郡做官，找鬼打听，鬼告诉他："所规必谐。'某日某月除出。'果然。"（《述异记·梁清》）鬼还可以向人托梦，等等。

　　鬼的情感和人没有什么不同，因为鬼也是人，只是换了一个空间而已。《西游记》第十回，崔珏活着的时候与魏征是好朋友，死后，在冥司当了酆都判官，两人还是好朋友，甚至帮助魏征徇私舞弊，给唐太宗增了二十年的阳寿，可谓交情甚笃。有时人与鬼或者鬼与鬼的关系也可能非常紧张。比如活着的时候两人结下了梁子，做了鬼后当然要伺机报复。也是《西游记》第十回，当唐太宗走进"幽冥地府鬼门关"时，"建成、元吉就来揪打索命"，幸亏崔判官在场，唐太宗才得以脱身。这让我们想起历史上的玄武门之变。李世民在玄武门布下重兵，杀死了哥哥李建成、弟弟李元吉，夺得皇位。《西游记》中建成、元吉阴间索命的说法，就是本于这一事实。唐朝建国的时候，李世民南征北战，平定了各路义军。这才有了《西游记》第十回"六十四处烟尘，七十二处草寇，众王子、众头目的鬼魂"要唐太宗还命的情节。

鬼生活在阴间，其习性自与人有所不同。《西游记》第六十九回，八戒关于鬼的一番论断，颇能代表民间的看法：

> 八戒道："我岂不知，鬼乃阴灵也，一日至晚，交申酉戌亥时方出。今日还在巳时，那里有鬼敢出来？就是鬼，也不会驾云。纵会弄风，也只是一阵旋风耳，有这等狂风？或者他就是赛太岁也。"

八戒的"理论"源于民间关于鬼的传说：其一，鬼是人的阴灵，喜阴惧阳，因此，常在夜间出没，白天阳气太重，一般不会出来活动。这可能就是人们惧怕黑暗的一个原因，或者说，人们出于对黑暗的恐惧而设想出一个在黑夜中出没的可怕的鬼魅来附会这种心理。其二，鬼的神通较小，与妖怪、神佛相差甚远。鬼被认为是人之生命的另外一种延续，因此，人们总是把它想象得与人相差无几，像人一样平凡，没有什么神通，不像妖怪那样能够云里来雾里去，也不像仙佛那样法力广大。其三，旋风在民俗中被认为是鬼的化身，也是鬼魂出没的一种主要方式。现在的乡村中，人们一旦碰到旋风就远远地躲开，嘴里还不停地念叨，据说这样可以避免鬼魂附身。所以，八戒的这种说法是有着深厚的民俗背景的，连一向高傲的悟空都佩服地说："好呆子！倒也有些论头！"看来，八戒在高老庄那几年还真的学到了不少东西，没有这种经历的悟空、唐僧和沙僧，当然不知道这些"论头"。

人间有人间的制度，鬼界有鬼界的规则。从勾魂鬼、崔珏等判官、阎罗王等十代冥王到幽冥教主地藏王菩萨，从鬼门关、森罗殿、奈何桥、枉死城、十八层地狱到六道轮回之所，《西游记》向我们展示了一个秩序井然、等级森严的幽冥世界。

生死簿是记录包括人在内的一切生物寿命的册子。《西游记》第三回，孙悟空大闹幽冥界，吓得十代冥王赶忙取出生死簿，但"蠃虫、毛虫、羽虫、昆虫、鳞介之属，俱无他（孙悟空）名"，最后在猴类动物中方才找到。生死簿有点像现在的人事档案，只要你阳寿已尽，立刻注销，方法是把你的魂从身上取走。

谁来执行勾魂的差事呢？勾魂鬼是也。勾魂鬼的传说源远流长，早在晋代，干宝的《搜神记·周式》一文就有记载。说一个叫周式的小伙子在东海碰到一个官吏模样的人，手里拿着一卷书，求周式载他一程。后来那人下船办事，书暂放在船上，嘱咐周式不要翻看。周式出于好奇，偷看了一眼，大吃一惊。原来是生死簿，上面还有周式的名字。那人回来，见了大怒，周式叩头谢罪。那人感谢他远载，便要他三年不得出门。两年过去了，周父责令周式去悼念邻居，出门就碰到了勾魂鬼。在以后的流传中，勾魂鬼被附加了很多道德的内容，有的记载他乐施好善，为了延长人的寿命受到阎王的惩罚；有的又把他描绘成凶狠的恶魔；还有的把他说成嘴馋心软、时常受上司数落的家伙。《西游记》中的两个勾魂鬼最惨，奉命去勾孙悟空的魂，结果被打成肉浆，以身殉职。勾魂鬼也有眼花的时候，《西游记》第三回，十代冥王为自己辩护时说："普天下同名同姓者多，敢是那勾死人（勾魂鬼）错走了也？"这虽然是十代冥王在孙悟空金箍棒威胁下的推托之辞，但至少说明勾魂鬼以前犯过类似的错误。总之，在阴森可怖的幽冥界，他算得上是个出镜率很高的小鬼。

森罗殿是阴间的法庭，来到阴间的鬼魂都在这里接受审判，鬼魂有什么冤屈也可在这里申诉。《西游记》第十回，泾河龙王就是在这里状告唐太宗"许救反诛"之罪，后来唐太宗到阴间"三曹对案"也在这里，崔判官核对唐太宗的阳寿也在这里。阴间法庭大大小小的事情都管，如果缺少必要的监督，就有可能出现徇私舞弊的情形，崔判官倚仗职权偷偷为唐太宗增了二十年阳寿，就是一例。据民间传说，阎罗王是世间某位品格高尚的公卿死后变成的，幽冥界的官员们也都是品格端方之人死后转世的。崔珏之所以当上阴间判官，也是因为在世时是个仁义道德之士。只是，阎罗王、崔珏不是都徇过私、枉过法吗？

法庭宣判后，判决执行，即进入"六道轮回"之所："行善的，升化仙道；尽忠的，超生贵道；行孝的，再生福道；公平的，还生人道；积德的，转生富道；恶毒的，沉沦鬼道。"（第十一回）所谓"六道轮回"，其实就是惩恶扬善原则的具体实施，也就是"恶有恶报，善有善报"。活着流毒社会、恶贯满盈的不良分子，死后坠入鬼道，就得打入"十八层地狱"，饱受种种酷刑的折磨。吊筋、车崩、剥皮、油锅、刀山、抽肠——凡是人们想得出的酷刑，都放到了地狱中，其残忍恐怖程度令人毛骨悚然。

《西游记》说山神、土地属于"阴鬼之仙"，其实就是管理一个小地方的鬼，就像人做了一个不大的官一样。唐僧师徒取经途中，每座山都有山神、土地，有些地方山势连绵，山神、土地就有多个，红孩儿所在的号山就是这样。这只要看看悟空与山神、土地的对白，便知分晓：

> 那行者打了一会，打出一伙穷神来。都披一片，挂一片，裙无裆，裤无口的，跪在山前，叫："大圣，山神、土地来见。"行者道："怎么就有许多山神、土地？"众神叩头道："上告大圣。此山唤做'六百里钻头号山'。我等是十里一山神，十里一土地，共该三十名山神，三十名土地。昨日已此闻大圣来了，只因一时会不齐，故此接迟，致令大圣发怒。

万望恕罪。"（第四十回）

一座山就有三十名山神、三十名土地，西游路上那么多山、那么远的行程，不知该有多少山神、土地。一个山神、土地的管辖范围，大约也就一个村子大小。

这些山神、土地虽然也是官员，但这官做得实在太窝囊了：

> 行者道："我且饶你罪名。我问你：这山上有多少妖精？"众神道："爷爷呀，只有得一个妖精，把我们头也摩光了；弄得我们少香没纸，血食全无，一个个衣不充身，食不充口，还吃得有多少妖精哩！"行者道："这妖精在山前住，是山后住？"众神道："他也不在山前山后。这山中有一条涧，叫做枯松涧。涧边有一座洞，叫做火云洞。那洞里有一个魔王，神通广大，常常的把我们山神、土地拿了去，烧火顶门，黑夜与他提铃喝号。小妖儿又讨甚么常例钱。"行者道："汝等乃是阴鬼之仙，有何钱钞？"众神道："正是没钱与他，只得捉几个山獐、野鹿，早晚间打点群精；若是没物相送，就要来拆庙宇，剥衣裳，搅得我等不得安生！万望大圣与我等剿除此怪，拯救山上生灵。"（第四十回）

这些山神、土地，不仅要给妖魔巡山放哨，还要给大大小小的妖怪"送礼"，上下打点，以至于过着衣不蔽体、食不果腹的生活，动不动还面临被抄家的危险。山神、土地纵然敌不过红孩儿，难道连个小妖都拿不住吗？受红孩儿的欺负也罢了，还要受满山小妖的气，何也？显然是山神、土地畏惧红孩儿的威势，以至于连他手下的小妖都不敢动一根毫毛。山神、土地不但神通有限，而且胆量很小，怪不得妖魔总喜欢拉山神、土地"打杂"。

山神、土地虽然不怎么起眼，但也帮过唐僧师徒不少忙，不仅能够提供关于妖怪的各种"情报"，还能够在困难的时刻尽一份力。唐僧师徒被阻火焰山，火焰山的土地为唐僧师徒准备了斋饭，解决了八戒的"老大难"问题。悟空前去牛魔王那里借芭蕉扇，让土地陪伴唐僧他们，后来悟空借扇久去不回，还是土地领着八戒去魔王的洞府帮助悟空对付那牛怪的。唐僧师徒路过乌鸡国，为了不让那假国王怀疑太子的行踪，就以行猎的说法欺骗那假国王。手里没有猎物，悟空就把山神、土地唤了出来，要他们"快将獐豝鹿兔，走兽飞禽，各寻些来，打发他（太子）回去"。"那各神即着本处阴兵，刮一阵聚兽阴风，捉了些野鸡山雉，角鹿肥獐，狐獾狢兔，虎豹狼虫，共有百千余只，献与行者。"（第三十八回）看来，唐僧取得真经，也有山神、土地的一些功劳。

《西游记》中的妖怪

司马迁《史记·留侯世家》曾说："学者多言无鬼神，然言有物。"所谓"物"，不是指人们常说的与"精神"相对应的物质，而是指由动物、植物、器物等幻化而成的物怪或怪物。物质世界的动植物或无生命之物，伴随着年岁的增长，在想象中被人们赋予了某种特殊的能力，也就是人们常说的"老而成精""老而成魔"，所以，物怪或怪物又被称为妖怪、妖精或妖魔。许慎《说文解字》九上鬼部中说："魅，老物精也。"王充《论衡·订鬼》中说："鬼者，老物精也。夫物之老者，其精为人；亦有未老，性能变化，象人之形。"葛洪《抱朴子·登涉》中说："万物之老者，其精悉能假托人形，以眩惑人目而常试人。"这里的鬼、魅和物都是后世习称的妖精、妖怪或妖魔。

按照原型的差异，妖怪可分为动物怪、植物怪和器物怪。在实际生活中，器物没有生命力；植物虽有生命力而无法自由活动；只有动物，其生命层次最高。在动物中，又因为食物链高低有别，决定了各种动物怪神通的大小。一般来说，动物怪胜于植物怪，植物怪胜于器物怪。而在动物怪中，大动物怪通常比小动物怪难制服一些。在《西游记》中，犀牛、象、虎、狮子、熊等属于体壮力猛的动物，这些妖怪生猛异常、极难对付，孙悟空在他们身上讨不到太多便宜，一般都是某位神仙（多为妖怪的主人）出手相助，方才降伏。鹿力大仙（鹿）、羊力大仙（羚羊）、金鱼怪、九头虫等就容易对付一些。与动物怪相比，松树精、柏树精、桧树精、竹子精、杏树精、枫树精等植物怪神通就小了许多，只需猪八戒"一顿钉钯，三五长嘴，连拱带筑"（第六十四回）就铲除了。这些植物怪不像动物怪那样动不动要吃唐僧肉，只是把唐僧劫走说诗谈禅，并劝说唐僧与杏仙成婚，没有动强的意思，被孙悟空、猪八戒看出真相后，也没有任何反抗。

《西游记》为了突出"九九八十一难"的艰辛和孙悟空神通的广大，在西天路上安排了众多惹是生非的妖精，而以动物怪为主。这些动物怪包括：双叉岭老虎精、野牛精、熊罴精，黑风山熊罴怪（被观音菩萨收去做了守山大神），黄风岭黄风怪（佛祖灵山脚下的老鼠精），乌鸡国青毛狮子怪（后又现身为狮驼岭青狮，文殊菩萨的坐骑），枯松涧火云洞红孩儿（后做了观音菩萨的善财童子），黑水河龟精（东海龙王的外甥），车迟国鹿力大仙（鹿）、羊力大仙（羚羊）、虎力大仙（虎），通天河金鱼怪（观音菩萨莲花池里的金鱼），金兜山青牛怪（太上老君的坐骑），毒敌山琵琶洞蝎子精，六耳猕猴，积雷山摩云洞牛魔王（大白牛），九头虫（乱石山碧波潭万圣龙王的女婿），黄眉怪（弥勒佛司磬的黄眉童儿），七绝山红鳞大蟒，朱紫国金毛犼（观音菩萨的坐骑），盘丝洞蜘蛛精，黄花观多目怪（蜈蚣精，后做了毗蓝婆菩萨的门人），白象（普贤菩萨的坐骑）、大鹏（如来的舅舅），比丘国鹿怪（寿星的坐骑）、白面狐狸，陷空山无底洞金鼻白毛老鼠精（托塔天王的干女儿），隐雾山连环洞豹子精，竹节山九曲盘桓洞九头狮子（太乙救苦天尊的坐骑），青龙山玄英洞犀牛精，天竺国玉兔精（太阴星君的玉兔），通天河龟精。这阵势是够吓人的。

在通常情况下，妖怪代表的是邪恶势力，而人、仙、佛则代表了正面力量。根据华夏民族"邪不压正"的理念，人、仙、佛在与妖怪的较量中往往占据上风。一般说来，对付妖怪至少有三个法子。一、照妖镜可以让妖怪现出原形，从而失去神通。照妖镜其实就是古代的铜镜，在《西游记》中，它成了托塔李天王的法宝。第六十一回，悟空及诸般天神斗牛魔王不下，这时，李天王和哪吒奉玉帝旨意前来助力。他用照妖镜照住牛魔王，使那牛"腾那不动，无计逃生"，只好束手就擒。二、妖怪怕狗，就像怕照妖镜一样。《西游记》没有特别强调妖怪对狗的恐惧，但对二郎神的"细犬"（即小狗）颇费了一些笔墨。悟空与二郎神拼杀，不小心被太上老君的金钢琢打了一个跟头，刚要起来，二郎神的"细犬""照腿肚子上一口，又扯了一跌"（第六回）。第六十三回，悟空与二郎神合斗九头虫时，不期这厮仗着头多口多，伸头要咬二郎神，"半腰里才伸出一个头来，被那头细犬，蹿上去，汪的一口，把头血淋淋的咬将下来"。孙悟空和九头虫都吃了这"细犬"的亏，说明狗对妖怪确实是有杀伤力的。三、不管什么样的妖怪都有一个命门所在，要么是生理上的，要么是心理上的，而人、仙、佛总有办法找到妖怪的命门，并富有实效地发起攻击，从而降伏他们。第七十三回，孙悟空在蜈蚣精面前一败涂地，但毗蓝婆菩萨一到，蜈蚣精立刻缴械投降，何也？毗蓝婆菩萨乃母鸡修炼而成，蜈蚣的克星就是鸡，可谓一物降一物。第五十五回，敢于螫如来佛的蝎子，在昴日星官（公鸡）面前，立刻现出原形。鸡正是蝎子的克星。心理上的命门也是存在的，在《西游记》中主要表现为奴才怕主子。不管奴才多么凶恶，多么飞扬跋扈，只要一见到主子，立刻就蔫了。金毛犼本是观音菩萨的脚力，偷偷下凡做了妖怪，连孙悟空也奈他不何，但观音菩萨一到，它便现出原形，乖乖听从。青毛狮子怪、金鱼怪等都是如此。

　　《西游记》对人和妖怪采用了不同的伦理原则。大体说来，只要是人，即使是一个坏人，也不允许滥杀，因为人毕竟是人。而对于妖怪，即使这个妖怪从未作恶，也不妨一棒打杀，因为妖怪不是人，妖怪只是动物、植物或者器物，"慈悲为怀"的人类伦理对妖怪是不适用的。取经途中，西梁国的女王一心想招赘三藏，因为她是人，连悟空也知道只能设计脱身，不能使那降妖的手段。他以少有的庄重语气对唐僧说："一定要使出降魔荡怪的神通，你知我们的手脚又重，器械又凶，但动动手儿，这一国的人尽打杀了。他虽然阻当我等，却不是怪物妖精，还是一国人身；你又平素是个好善慈悲的人，在路上一灵不损，若打杀无限的平人，你心何忍！诚为不善了也。"三藏听了，赞许道："此论最善。"（第五十四回）与对西梁国女王的宽容形成对照，对"淫戏唐三藏"的"色邪"——蝎子精，悟空则是严惩不贷，毫不迟疑。

第三十一回的一个细节也许更能说明问题。黄袍怪将宝象国国王的女儿百花羞掳进洞中十三年，生了两个儿子，"一个有十来岁，一个有八九岁了"。为了激黄袍怪出城交手，悟空指点八戒、沙僧说："你两个驾起云，站在那金銮殿上，莫分好歹，把那孩子往白玉阶前一掼。有人问你是甚人，你便说是黄袍妖精的儿子，被我两个拿将来也。那怪听见，管情回来，我却不须进城与他斗了。若在城上厮杀，必要喷云暧雾，播土扬尘，惊扰那朝廷与多官黎庶，俱不安也。"八戒、沙僧照此办理：

却说八戒、沙僧，把那两个孩子拿到宝象国中，往那白玉阶前掉下，可怜都搌做个肉饼相似，鲜血逆流，骨骸粉碎。

这"两个孩子"，从《西游记》的描写来看，尚无作恶的记录，何以唐僧师徒竟一丝怜悯之意也没有？理由很简单：它们是妖怪！

与上面除妖务尽的情形正好成为对照，《西游记》虽然赞赏唐僧师徒的降妖伏怪，而作者最为偏爱的悟空却又曾是大闹天宫的妖怪。悟空本人，即时常以当年大闹天宫的妖怪生涯自豪。第十七回他那首叙述早年身世的自传诗，最后两句是："你去乾坤四海问一问，我是历代驰名第一妖。"西行途中，悟空常对人炫耀的也是他大闹天宫做妖精的经历。例如，他曾在太白金星幻化的老头面前这样摆谱：

"实不瞒你说，我小和尚祖居傲来国花果山水帘洞，姓孙，名悟空。当年也曾做过妖精，干过大事。……"（第七十四回）

这表明，《西游记》对孙悟空的妖怪生涯，或者说，对曾经大闹天宫的孙悟空，不只是容忍，而且是欣赏，有时几乎是情不自禁地为之喝彩。其背后的原因是什么？这里有何耐人寻味之处？答案可以很多，但有一点是人们都同意的，那就是：《西游记》对人和妖怪采用不同的伦理原则，这是对民俗惯例的认可和采用；而对大闹天宫的孙悟空的欣赏，则集中传达了作者个人的人生体验和文化理念。

《西游记》中的西天

西天，又称西方，也称西方极乐世界。佛教净土宗主张，经过修行，人死后可以转生到净土，即佛居住的地方。净土即极乐世界。阿弥陀佛（如来佛）是西天极乐世界的教主。老百姓可能不知道何谓净土，也可能不知道阿弥陀佛是何许人，但他们对西方极乐世界却都清楚。在他们心目中，现实中的种种苦难在西方极乐世界是没有的，那里无忧无虑，快乐自由。

对于西方极乐世界的描述，来源于佛教典籍。《佛说大乘无量寿庄严清净平等觉经》描写极乐世界的情形说：生在极乐世界的人，形貌端严，福德无量，智慧明了，神通自在；受用种种，一切丰足；宫殿、服饰、香花、幡盖，庄严之具，随意所须，悉皆如念。若欲食时，七宝钵器，自然在前。百味饮食，自然盈满，虽有此食，实无食者。但见色闻香，以意为食。身心柔软，无所味著，事已化去，时至复现。复有众宝妙衣、冠带璎珞，无量光明，百千妙色，悉皆具足，自然在身。所居舍宅，称其形色——楼观栏楯，堂宇房阁，广狭方圆，或大或小，或在虚空，或在平地。清净安稳，微妙快乐。应念现前，无不具足。与极乐世界相比，我们人间这片"秽土"当然是令人失望的。《西游记》关于西方极乐世界的描绘基本上也是这些。《西游记》第九十八回写如来居住的雷音古刹，别说是老百姓羡慕，恐怕连那些帝王将相看了，都会自叹不如。

　　和道教的天宫一样，西方极乐世界也是一个秩序井然的世界。佛、菩萨、罗汉、金刚等有序地排列着。佛是这个世界的至尊。佛是佛陀的简称，在梵文里它是"知觉的人"的意思。所谓知觉包含三层含义：自觉（自我觉悟）、他觉（使众生觉悟）、觉行圆满（佛教的最高境界）。佛的这三层含义是佛教由低到高的三个境界。佛教认为，凡夫俗子缺乏这三种知觉，只有佛才能达到佛教的最高境界，即觉行圆满。在大乘佛教中，佛一般用于对释迦牟尼的尊称。在小乘佛教中，佛除了是对释迦牟尼的尊称外，还泛指一切觉行圆满者。这是佛教的说法。在普通老百姓眼里，事情没有这么复杂，佛就是指如来佛祖（老百姓也许不知道释迦牟尼是谁）。《西游记》就比较典型地表达了民间的这种想法：那个整天对着各位菩萨、罗汉、金刚等讲经说法的如来就是西天的佛祖、至高者。

第七十七回，如来自述身世：鸿蒙开始，万物皆生，如来在雪山顶上修成"丈六金身"，不小心被孔雀吸入肚内，后从孔雀脊背跳出，跨上灵山。从此，在灵山修行至今。多么富有传奇色彩！如来的才干主要体现在以下几个方面：一是过去之事、未来之事、天下万事万物，无所不知，无所不晓。《西游记》第五十八回，连法力广大的观音菩萨都辨认不出真假美猴王，如来笑道："汝等法力广大，只能普阅周天之事，不能遍识周天之物，亦不能广会周天之种类也。"然后轻而易举地说出了假猴王的真实身份。二是佛力无边。孙悟空大闹天宫，一大堆仙人都奈何不得，玉皇大帝只得请如来出面，结果一个跟头十万八千里的孙悟空被他手掌一翻压在了五行山下。三是掌管着"度亡脱苦，寿身无坏"（第十二回）的大乘佛法。如来的这些法力、神通使他所到之处游刃有余、轻松自如。

菩萨是指还没有达到觉行圆满的修行者，但经过修炼将来可以修成佛果。菩萨的地位仅次于佛，其职责是解救在"苦海"中挣扎的芸芸众生，将他们"度"到极乐世界中去。比如，观音菩萨曾东去大唐为佛祖寻找取经人，帮助教化南赡部洲。我国民间有四大菩萨之说，即文殊、普贤、观世音和地藏菩萨。《西游记》中除了这四大菩萨外，还有帮助孙悟空除掉黄风山妖怪的灵吉菩萨、帮助降伏多目怪的毗蓝婆菩萨以及黎山老姆。

在所有菩萨中，观音菩萨的知名度最高。

两汉之际佛教传入中国，观世音是以男性形象出现的，敦煌千佛洞里的观音图像依然是男身男相，嘴上还留着两撇小胡子。南北朝时期，男身女相的观世音已经出现在绘画和雕塑里，尽管不太显著。到了唐代，女性观音已经居于主导地位。唐代流传下来的观音像与明清时期的观音像在衣着、年龄、相貌上大致相同，表明观音形象在唐代已基本定型。这使观音幸免于被裹成小脚。《西游记》中的观音图像与佛寺中的观音法像等，都是一双天足，不是明清时期妇女的"三寸金莲"。

从印度到中国，观音菩萨的性别、形象发生了巨大变化，但职守和功能没有改变，仍然担当着救苦救难的大任。人们对观音的喜爱程度也没有改变，在中国民间信仰中，其受欢迎的指数甚至超过土生土长的华夏第一女神王母娘娘。在民俗中，王母娘娘与观音菩萨都是"送子"的婆婆，但大部分地区还是更倾向于由观音菩萨担任此职。

如来和观音在《西游记》中的地位非其他佛教人物可比。如来是唐僧师徒西天取经的最高领导人，唐僧师徒取的就是他的经，而观音则是主管取经事宜的具体负责人。《西游记》对如来和观音的描写，既写了他们来源于佛教的神圣的一面，又从《西游记》的整体风格出发，赋予了他们世俗生活的气息。有趣的是，在对如来和观音的世俗化描写中，取向大为不同：世俗化的如来更多油滑可厌的意味，而世俗化的观音则极为亲切、慈祥。

比如，《西游记》第九十八回，如来对唐僧师徒的哄骗就有点像土财主吝于施舍。如悟空所说，既然觉得东土大唐多杀多淫，让观音菩萨千里迢迢前去寻找取经人，就应该在唐僧师徒到达灵山时把全部经书悉数奉送，但佛祖倒好，随便给了几本经书就把唐僧师徒打发了。更不可思议的是，佛祖的经书居然是收费的。负责检授经卷的阿傩、伽叶向唐僧需索人事未果，遂公然行骗，以无字之经授之，行者恼怒，对如来嚷道："如来！我师徒们受了万蜇千魔，千辛万苦，自东土拜到此处，蒙如来吩咐传经，被阿傩、伽叶揩财不遂，通同作弊，故意将无字的白纸本儿教我们拿去，我们拿他去何用！望如来敕治！"可是如来非但未责罚阿傩、迦叶，反而嬉皮笑脸地辩护道："你且休嚷，他两个问你要人事之情，我已知矣。但只是经不可轻传，亦不可以空取，向时众比丘圣僧下山，曾将此经在舍卫国赵长者家与他诵了一遍，保他家生者安全，亡者超脱，只讨得他三斗三升米粒黄金回来，我还说他们忒卖贱了，教后代儿孙没钱使用。你如今空手来取，是以传了白本。白本者，乃无字真经，倒也是好的。因你那东土众生，愚迷不悟，只可以此传之耳。"经过戏谑化的处理，如来几乎成了我们所熟悉的某些寺院中善于敛财的和尚了。

《西游记》第四十二回，拿悟空寻开心的观音则让读者倍感亲切。悟空不敌红孩儿的三昧真火，请观音帮忙。观音用净瓶装了一海的水，让孙悟空拿去降伏红孩儿，悟空拿不动。这时候观音的一席话颇为风趣：

> "悟空，我这瓶中甘露水浆，比那龙王的私雨不同：能灭那妖怪的三昧火。待要与你拿了去，你却拿不动；待要着善财龙女与你同去，你却又不是好心，专一只会骗人。你见我这龙女貌美，净瓶又是个宝物，你假若骗了去，却那有工夫又来寻你？你须是留些甚么东西作当。"

显然地，这是观音打趣悟空，拿悟空开心。第一，悟空曾经大闹天宫，也偷过零食，什么时候有过骗色的记录？早在《西游记》第二十三回，观音、文殊、普贤、黎山老母四圣化作美女试禅心的时候，就知道悟空压根儿对美女不感兴趣，倒是八戒色心不改，还干他在高老庄的那点勾当。至于"偷"，那也不是贪财，只是偷零食而已，例如在五庄观偷人参果。第二，悟空随身的东西，除了金箍棒和观音送的绵布直裰外，别的什么也没有，观音要悟空留个东西做抵押，这是故意难为悟空。八戒可能还藏些私房钱，悟空是真的一无所有。观音拿悟空寻开心，一方面说明观音与悟空关系密切，没有拿悟空当外人；另一方面，也说明观音把悟空当作晚辈看待，因为只有长辈的女性才会对年轻的晚辈开这种带"色"的玩笑。

悟空在西天路上曾经两次"放声大哭"，观音和如来的反应也可以拿来做个比较。

第一次"放声大哭"在《西游记》第五十七回。由于悟空打死几个草寇，遭到了唐僧的怪罪，不但念了一顿紧箍咒，还把悟空逐出师门。悟空心里悲切，这才来到南海观音处诉苦：

> 行者望见菩萨，倒身下拜，止不住泪如泉涌，放声大哭。菩萨教木叉与善财扶起道："悟空，有甚伤感之事，明明说来。莫哭，莫哭，我与你救苦消灾也。"

观音的话不多，短短两句，却让人感到温暖，看到了希望。在不知道发生了什么事情的情况下，就脱口而出愿意为悟空"救苦消灾"，这种大包大揽的语气，对于绝望的悟空来说，太重要了，太及时了。

悟空的第二次"放声大哭"在第七十七回。悟空误以为唐僧被妖怪"夹生儿吃了"，心中难过，就来到了灵山如来处：

　　（悟空）说未了，泪如泉涌，悲声不绝。如来
笑道："悟空少得烦恼。那妖怪神通广大，你胜不
得他，所以这等心痛。"

　　悟空如此悲伤，如来居然还说风凉话。如来的调侃，俨
然大人不把孩子的苦恼当回事的模样。如来当然有他的理
由。在他眼里，悟空"胜不得"妖怪，就像孩子打架输了一
样，不值得认真痛苦。但是，从孩子的角度看，在需要安慰
的时候得不到安慰，那是免不了气恼一番的。
　　一个油滑可厌的如来，和一个亲切慈祥的观音，拉近了
西天与普通读者的距离。

历代驰名第一妖——孙悟空

"我是历代驰名第一妖"（第十七回），这是孙悟空对自己的定位。其妖怪经历可从出世算起，一直到皈依佛门为止。其间，花果山称王、荡海学艺、龙宫强索金箍棒、大闹幽冥界、逼封齐天大圣、搅闹蟠桃会、大闹天宫等，种种惊天动地的事件奠定了他在仙、佛、妖等各界的赫赫威名，也把他的"妖性"展现得轰轰烈烈。

西天取经路上的妖精，通常受到读者的厌恶。何以悟空这个"历代驰名第一妖"，却让读者那么喜欢？

原因在于：西天取经路上的妖精，他们是成人世界的"恶之花"，他们威胁到了人类正义，恶化了人类的生存状况；而悟空的"闹"，却代表了童年的顽皮、聪慧和不知天高地厚的冒险精神，他的诸般举动，常常使读者沉浸于对童年往事的回忆之中。悟空可能做得"不对"，但他做得可爱。

为了写出悟空的顽皮，《西游记》对"大闹天宫"做了戏谑化的处理。《西游记》强调：心高气傲是导致悟空大闹天宫的性格方面的原因。初任弼马温，悟空并不清楚其级别之低，没有什么不满的表示。一天，御马监的同僚告诉他，他才知道："这样官儿，最低最小，只可与他看马。"悟空得知，不觉心头火起，咬牙大怒道："这般藐视老孙！老孙在那花果山，称王称祖，怎么哄我来替他养马？养马者，乃后生小辈，下贱之役，岂是待我的？不做他！不做他！我将去也！"（第四回）忽喇的一声，把公案推倒，取出金箍棒，打出天门去了。回到花果山，因愤慨于"玉帝轻贤"，遂自封为"齐天大圣"。天兵天将屡次征讨无果，太白金星遂建议采取招安之策，"就教他做个齐天大圣"。悟空得到"齐天大圣"的空头衔，自以为官至极品，"遂心满意，喜地欢天"。但王母娘娘设蟠桃宴一事使他明白，他又被骗了。蟠桃宴只请那些领取俸禄的仙人，悟空没有俸禄，不在被请之列。他自以为"我乃齐天大圣，就请我老孙做个席尊，有何不可？"（第五回）却居然连列席的资格也没有。一怒之下，他"将仙肴仙酒尽偷吃了，又偷老君仙丹，又偷御酒若干，去与本山众猴享乐"（第六回）。从八卦炉里逃出之后，他"因在凡间嫌地窄，立心端要住瑶天"（第七回），索性教玉皇大帝搬出天宫。凡此种种，都是心高气傲、不知天高地厚的表现。所以，观音菩萨作诗嘲讽他："堪叹妖猴不奉公，当年狂妄逞英雄。欺心搅乱蟠桃会，大胆私行兜率宫。"（第八回）所谓"当年狂妄逞英雄"，即心高气傲、不知天高地厚是也。总之，他反对玉皇大帝的目的近乎儿童的调皮捣蛋，任性妄为。所以，尽管悟空说过"皇帝轮流做，明年到我家"的狂妄言辞，读者决不会将悟空等同于试图推翻朝廷的陈胜、吴广。连一向看重小说内容的胡适先生，他在《〈西游记〉考证》中也承认："（大闹天宫）这七回的好处全在他的滑稽。著者一定是一个满肚牢骚的人，但他又是一个玩世不恭的人，故这七回虽是骂人，却不是板着面孔骂人。他骂了你，你还觉得这是一篇极滑稽，极有趣，无论谁看了都要大笑的神话小说。正如英文的《阿梨思梦游奇境记》（*Alice in Wonderland*）虽然含有很有意味的哲学，仍旧是一部极滑稽的童话小说（此书已由我的朋友赵元任先生译出，由商务出版）。现在有许多人研究儿童文学，我很郑重的向他们推荐这七回天宫革命的失败英雄《齐天大圣传》。"悟空是孩子们心中的英雄。少年读者看了会向他认同，成年读者看了虽不向他认同，也不免会心一笑。

《西游记》对悟空偷吃零食的行为有意做了放大处理，以加深其顽皮性格在读者心中的印象。取经途中，悟空时常被人调侃为小偷，他大都欣然接受，压根儿不生气。如第三十九回，太上老君"见行者来时，即吩咐看丹的童儿：'各要仔细，偷丹的贼又来也。'"行者作礼笑道："老官儿，这等没搭撒，防备我怎的？我如今不干那样事了。"第五十一回，悟空提议将妖怪的法宝偷来，邓、张二公笑道："若要行偷礼，除大圣再无能者，想当年大闹天宫时，偷御酒，偷蟠桃，偷龙肝凤髓及老君之丹，那是何等手段！今日正该拿此处用也。"行者道："好说！好说！既如此，你们且坐，等老孙打听去来。"他本人甚至也乐于以小偷自居，如第二十四回，行者对土地说："你不知老孙是盖天下有名的贼头。我当年偷蟠桃、盗御酒、窃灵丹，也不曾有人敢与我分用；怎么今日偷他一个果子，你就抽了我的头分去了！"偷吃零食这类事情，将悟空的妖精生涯戏谑化了，读来只觉可喜可亲，而没有可憎可怖之感。

"大闹天宫"的悟空终于被如来佛压在五行山下，承受着五百年的风吹日晒雨淋，"渴饮溶铜"，"饥餐铁弹"，"头上堆苔藓，耳中生薜萝。鬓边少发多青草，颔下无须有绿莎"，十分寂寞难熬。他被唐僧救出后，皈依佛门，走上了志在"普度众生"的取经之路，降妖除怪，勇敢顽强。经过九九八十一难，终于修成正果，"功德圆满"。

以被压五行山为界，悟空由"天下驰名第一妖"逐渐向"斗战胜佛"转变，前后的不同人生内容对应人一生中不同的阶段，即从童年向成年过渡。大闹三界是悟空童年生活的辉煌纪录。被压五行山，这个天差地别的处境不能不引起悟空对自己行为的反思，不能不对生活有所感悟和理解。"吃一堑，长一智"，五百年后从五行山出来的悟空成熟了很多。

观音不失时机的循循善诱以及象征着强制教育的紧箍儿对悟空的心智成熟起到至关重要的作用，再加上西天途中的诸般磨练，他逐渐成熟起来。后期的悟空，他的人生是与普度众生的"功德"联系在一起的。被封为"斗战胜佛"是为悟空举行的成人礼。

人生阶段虽不同，但悟空的性格仍有其延续性。他在童年时代所表现出的冒险精神，在取经途中照样保留了下来，只不过所做的事情不一样罢了；而他的顽皮则发展成为幽默，意味更为隽永。

《西游记》第一回，众猴发现了一股瀑布飞泉，想探清这水的源头何在，有猴出主意："那一个有本事的，钻进去寻个源头出来，不伤身体者，我等即拜他为上。"那石猴应声答道："我进去！我进去！"悟空不惧一切险阻、敢于接受挑战的勇气，就从这六个字体现了出来。有必要留意的是，猴子并不擅长玩水，即便后来练就了一身神通的悟空对水仍有三分忌惮。《西游记》第二十二回，收服沙僧的时候，悟空与八戒有这样一番对话：

　　八戒道："哥哥不必迟疑，让你先去拿他，等老猪看守师父。"行者笑道："贤弟呀，这桩儿我不敢说嘴。水里勾当，老孙不大十分熟。若是空走，还要捻诀，又念念避水咒，方才走得；不然，就要

变化做甚么鱼虾蟹鳖之类，我才去得。若论赌手段，
凭你在高山云里，干甚么蹊跷异样事儿，老孙都会；
只是水里的买卖，有些儿榔杭。"

会念避水诀和巧于变化水中动物的悟空在水里都不能做
到游刃有余，何况什么神通都不具备的石猴呢？但石猴还是
无所畏惧，勇敢地接受了生与死的考验。最后，他成功了，
给花果山众猴找到了一个天然的家居环境，并因此坐上了花
果山的头把交椅。童年时代的悟空，以其无所畏惧的冒险精
神奠定了他在花果山的地位。

《西游记》第六十七回写驼罗庄降妖，是对取经途中悟
空的冒险精神的表彰：

那老者起身道："才闻得你说会拿妖怪，我这
里却有个妖怪，累你替我们拿拿，自有重谢。"行
者就朝上唱个喏道："承照顾了！"八戒道："你
看他惹祸！听见说拿妖怪，就是他外公也不这般亲
热，预先就唱个喏！"行者道："贤弟，你不知。
我唱个喏就是下了个定钱，他再不去请别人了。"

悟空把降妖当作美差，先把"押金"交上，唯恐对方反
悔，把"买卖"给了别人。悟空这种主动除魔的冒险精神，

与花果山时期的美猴王一脉相承。西天取经的途中，悟空一直扮演着擎天柱的角色。缺少了悟空的取经队伍不但不能保证唐僧的安全，而且失去了取经的信心和生气勃勃的精神面貌。每次悟空被唐僧赶走，或者悟空被妖怪战败，八戒都嚷嚷着要分行李、散伙，何也，因为八戒深知悟空在取经队伍中的地位和分量，没有了他，是不可能完成取经事业的，还不如早些散伙的好。悟空的勇敢无畏和冒险精神，不仅对于悟空重要，对于取经队伍尤其重要！

悟空的冒险精神令读者欢欣，悟空的幽默也极富魅力。

比如，悟空降妖捉怪都很有"情趣"：他不乐意一棒就把妖怪打死，而是想方设法先捉弄一下，再下手。就像猫捉老鼠一样，先不急着吃掉，而是把老鼠放了再逮，逮了再放，如是若干次，再享受美餐。这是悟空的幽默个性使然。做任何事情，哪怕与妖怪赌斗这么危险而严肃的事情，悟空也不放过拿对手取乐的机会。这与八戒的风格很不相同。八戒胜妖的几率很低，一旦哪个妖怪碰巧不是八戒的对手，他就倒霉了，总是被八戒"一钯筑死"。所以，八戒与妖怪交手，一向程序简明，要么逃跑，要么尽快把对手干掉，一钯可以打死的绝不用两钯。八戒没有悟空那份拿对手"玩"的心情，八戒只讲实效，悟空则在注重实效的同时还追求情调，力求完美地演绎他的幽默！

悟空的幽默不仅表现在对付妖怪上，还表现在生活的其他方面，尤其是对八戒和唐僧的捉弄。西天取经途中，八戒帮了悟空不少忙，立了不少功。但他的毛病也突出，好色，好吃懒做，胆小怕事，好耍小聪明，搬弄是非等。唐僧是个肉眼凡胎、不分青红皂白的固执和尚。悟空的强势地位，促使唐僧与八戒结盟，共同对付他。悟空当然也不会放过拿他们开涮的机会。

《西游记》第五十四回，女儿国国王要招唐僧为夫，这给悟空提供了一个调侃唐僧的好机会：

> 三藏道："悟空，凭你怎么说好？"行者道："依老孙说，你在这里也好。自古道，'千里姻缘似线牵'哩。那里再有这般相应处？"……行者道："太师说得有理。我等不必作难，情愿留下师父，与你主为夫。快换关文，打发我们西去。待取经回来，好到此拜爷娘，讨盘缠，回大唐也。"

悟空此举，一方面是迷惑对手，以便早日倒换关文，另一方面也确实存在调侃唐僧的意思。悟空表现得越正经，唐僧也就越心虚，唯恐悟空真的以为他有"色"心。他一把扯住行者，骂道："你这猴头，弄杀我也！怎么说出这般话来，教我在此招婚，你们西天拜佛，我就死也不敢如此！"（第五十四回）唐僧的紧张正是悟空的恶作剧要达到的效果。

林语堂《论东西文化的幽默》曾说："一般认为哭是一切动物共有的本能，笑却只是猿猴的特性。这种特性只有我们和我们的祖先人猿才有。我不妨补充一句，思想是人的本能，但对一个人的错误，以微微一笑置之却是神了……我以为幽默的发展是和心灵的发展并进的。因此幽默是人类心灵舒展的花朵，它是心灵的放纵或者是放纵的心灵。惟有放纵的心灵，才能客观地静观万事万物而不为环境所囿。"悟空的幽默就达到了林语堂所说的境界。

人类生活中时常见到的一个遗憾是：人在走进成人世界的同时，孩提时代的童心也伴随着童年时代的幼稚一块被挡在了成人世界之外。这是人们常常感到无奈的事情。而悟空的成长经历却提供了另外一种可能性，《西游记》在让他保护唐僧取经的时候，让他那份以冒险精神和幽默为标志的童心保留了下来。这样，悟空在可敬之余，依然可亲。

悟空的神通

　　悟空产于花果山的仙石，这种传奇的身世意味着他将来定然不是个"凡鸟"。果然，他一出世就"目运两道金光，射冲斗府"（第一回），连天上的玉帝都被惊动了。花果山是悟空事业的起点。

　　"工欲善其事，必先利其器。"趁手的兵器是英雄的"独家形象品牌"。比如，一提到金丝大环刀，人们就想起了白眉大侠徐良；一提到板斧，人们就想起了李逵；一提到青龙偃月刀，人们就想起了关羽；一提到丈八蛇矛，人们就想起了张飞。而悟空与金箍棒，几乎是分不开的。《西游记》第三回，东海龙王的下属龙婆龙女说过一句意味深长的话：

　　　　"大王，观看此圣（孙悟空），决非小可！我
　　　们这海藏中，那一块天河定底的神珍铁（金箍棒），
　　　这几日霞光艳艳，瑞气腾腾，敢莫是该出现，遇

此圣也？"

悟空要出头，深藏在海底几千年的神珍铁都跃跃欲试，忽放异彩，期待着悟空用它。更有趣的是这根重达一万三千五百斤、"约有斗来粗，二丈有余长"的铁柱子，居然能听从悟空的"吩咐"，要大就大，要小就小。使用的时候，尺寸、重量甚合悟空的心意，不用的时候，化作一个绣花针藏在悟空的耳朵里，不占地方，也不碍事，难怪叫作"如意金箍棒"了。金箍棒的威力自然了得，"打着的就死，挽着的就伤；磕一磕儿筋断，擦一擦儿皮塌"（第三十三回）。凭借这条铁棒，悟空下闯地府，上闹天宫，西游路上更是降妖伏魔，战功赫赫。在悟空修成正果、被封为斗战胜佛之前，不知道有多少妖怪成为其棒下游魂！

谈到悟空的神通，不能不提他的七十二般变化。一方面，七十二般变化是悟空经常用来制服妖怪的主要手段；另一方面，七十二般变化与悟空的形象有着密切的联系，它有助于我们更好地理解悟空。为了说明问题，我们就把通晓三十六般变化的八戒拉来做个比较。

悟空的原型是猴，生性灵巧，因此，悟空能够适应各种变化，大、小、俊、丑、男、女等，样样不在话下；八戒的原型是猪，生性笨拙，因此，他的变化受到很大的限制。对此，八戒颇有自知之明：

"我老猪本来有三十六般变化。若说变轻巧华丽飞腾之物，委实不能；若说变山，变树，变石块，变土墩，变赖象、科猪、水牛、骆驼，真个全会。"（第六十七回）

对于悟空和八戒的变化特点，《西游记》第七十四回曾经做了富有戏谑意味的对比描写，我们不妨欣赏一下：

三藏道："你的相貌丑陋，言语粗俗，怕冲撞了他，问不出个实信。"行者笑道："我变个俊些儿的去问他。"三藏道："你是变了我看。"好大圣，捻着诀，摇身一变，变做个干干净净的小和尚儿，真个是目秀眉清，头圆脸正；行动有斯文之气象，开口无俗类之言辞；抖一抖锦衣直裰，拽步上前，向唐僧道："师父，我可变得好么？"三藏见了大喜道："变得好！"八戒道："怎么不好！只是把我们都比下去了。老猪就滚上二三年，也变不得这等俊俏！"

悟空不仅人变得"清秀"，连说话都一派"斯文"，而八戒不仅变得不灵巧，就是说话也一副"憨"相。

比这一例更富调侃意味的是《西游记》第四十七回的描

写。通天河里的金鱼怪，作恶多端，每年都要陈家庄送一对童男童女供它吃，否则就降祸生灾。为了降伏妖怪，悟空定计，与八戒分别变作童男"关保儿"和童女"一秤金"，欺骗妖怪，以便趁机把他捉住。先看悟空变化的情况：

　　行者见了，默默念声咒语，摇身一变，变作那关保儿一般模样。两个孩儿，挽着手，在灯前跳舞……行者笑道："可像你儿子么？"老者道："像！像！像！果然一般嘴脸，一般声音，一般衣服，一般长短。"行者道："你还没细看哩。取秤来称称，可与他一般轻重。"老者道："是，是，是；是一般重。"

再看八戒变化的情形：

　　行者道："八戒，这就是女孩儿。你快变的像他，我们祭赛去。"八戒道："哥呀，似这般小巧俊秀，怎变？"行者叫："快些！莫讨打！"八戒慌了道："哥哥不要打，等我变了看。"
　　这呆子念动咒语，把头摇了几摇，叫"变！"真个变过头来，就也像女孩儿面目，只是肚子胖大，郎伉不像。行者笑道："再变变！"八戒道："凭

你打了罢！变不过来，奈何？"行者道："莫成是
丫头的头，和尚的身子？弄得这等不男不女，却怎
生是好？你可布起罡来。"他就吹他一口仙气，果
然即时把身子变过，与那孩儿一般。

这里有几处细节很有意思：一是悟空"摇身一变"就变
得和关保儿一模一样，而八戒"把头摇了几摇"才变了半男
半女的样子；二是悟空"默默念声咒语"即可，而八戒大张
旗鼓叫了一声"变"，才变个"阴阳人"出来；三是悟空不
仅变得形象和关保儿一样，就连重量也不差，而八戒费了半
天的劲，还剩个大肚子没有变过去。悟空总是使人想起他的
"巧"，八戒则总是让人不忘他的"笨"。

火眼金睛也是悟空的一项独门功夫，是当年在太上老君
炼丹炉里练就的。火眼金睛一方面具有千里眼的功能，能把
千里远的东西看得清清楚楚；另一方面又具有二郎神凤眼的
特点，能够辨妖识怪，看出吉凶。《西游记》第十五回，悟
空向唐僧自夸道：

"你也不知我的本事。我这双眼，白日里常看
一千里路的吉凶。像那千里之内，蜻蜓儿展翅，我
也看见。"

悟空此话非虚，西游途中，要不是多亏了他这双眼睛，唐僧早就没命了。《西游记》第二十七回，白骨精分别变作女儿、老妇和老汉，一一被悟空识破，连白骨精都佩服不已，喝彩道："好个猴王，着然有眼！我那般变了去，他也还认得我。"悟空的火眼金睛不仅能够识别近处的妖怪，还能够根据云气，辨出是神仙还是妖怪。《西游记》第四十回：

> 师徒们正当悚惧，又只见那山凹里有一朵红云，直冒到九霄空内，结聚了一团火气。行者大惊，走近前，把唐僧揪着脚，推下马来，叫："兄弟们，不要走了，妖怪来矣。"

果然不出所料，火云洞的红孩儿在此作祟。《西游记》第二十三回，四圣变作母女四人考验唐僧师徒，悟空一眼就看出了门道，而八戒眼拙，加之色心未泯，结果被四圣捉弄了一把。

悟空几次搅闹天庭，除练就了火眼金睛外，还成就了刀砍不烂、火烧不坏的金钢之躯，以致玉帝擒住了悟空而不知道如何处置他。《西游记》第七回，太上老君这样解释悟空金钢之躯的成因：

> "那猴吃了蟠桃，饮了御酒，又盗了仙丹。我

那五壶丹，有生有熟，被他都吃到肚里，运用三昧
火，煅成一块，所以浑做金钢之躯，急不能伤。"

这样说来，悟空还真该感谢太上老君！正因为悟空有着
金钢不坏之身，才使他在五行山下不至于被压死。后来，银
角大王使用移山倒海的手段，把须弥山压在悟空的左肩，把
峨眉山压在悟空的右肩，悟空满不在乎，"挑着两座大山，
飞星来赶师父"（第三十二四），吓得妖怪浑身出汗，遍体
生津。

常言说，艺高人胆大。一身神通的悟空，简直到了天不
怕地不怕的境界。他敢于闯龙宫强索金箍棒，赖着龙王送他
"披挂"；敢于搅闹幽冥界，逼着十殿阎王拿出生死簿，
一笔勾销整个猴属的名字，使他和花果山的众猴得以逃脱生
死轮回；敢于率领猴兵猴将与天兵天将交战；敢于竖起"齐
天大圣"的旗帜与玉帝对垒；敢于大闹蟠桃会，进而搅扰天
庭；敢于和如来佛祖赌输赢；敢于迎击西天路上一切来犯的
妖怪。悟空的神通，加上他敢作敢为的个性，成就了这个"斗
战胜佛"。

八戒的呆与慧

　　呆子、夯货是《西游记》对八戒的戏称。说八戒"夯"，主要是从相貌来说的，他是个黑猪精，长长的嘴巴、大大的耳朵、胖大臃肿的体态，加之一顿"三五斗米饭"的食量以及手中那把笨拙的九齿钉钯，使八戒称得上是一个不折不扣的夯货。说八戒"呆"，主要是从精神面貌上说的，他经常做一些傻事，说一些呆话，让人忍俊不禁。八戒的"夯"与八戒的"呆"，其实是一个事实的两个方面，说他"夯"时离不开他的"呆"，说他"呆"时也离不开他的"夯"。

　　"人参果"事件把八戒的呆性表现得淋漓尽致。他想吃人参果，但又自觉没本事，就怂恿悟空去偷。分吃人参果时，八戒早已馋涎欲滴，一张口就把果子囫囵吞下，却白着眼胡赖，问沙僧吃的是什么。又说没尝出果子的味道来，让悟空再去偷几个。遭到拒绝后，心犹不甘，继续吵吵嚷嚷，结果被人发现。唐僧和道童查问这事，八戒突然灵光一现，说道："我老实。不晓得，不曾见。"（第二十五回）八戒想以"老实人"的形象赢得信任，从而摆脱被怀疑的处境。这种辩解看似聪明，实则愚蠢。因为这等于不打自招，承认"我们几个当中有不老实的人，是他干的，你去找他"。偷人参果是八戒怂恿的，果子他又吃了，这就意味着，他和悟空、沙僧，任何一个人被查出来，所有的人都要被牵扯出来。八戒这种推卸责任的方式，无异于引火烧身。更不可思议的是，当道童喊着树上少了四颗果子时，他又到处叫喊师兄打了"偏手"。偷了东西还大喊大叫，八戒呆头呆脑的行为后面，透出一股让人哭笑不得的憨劲。

呆子撒起谎来也冒着傻气。《西游记》第三十二回，对猪八戒撒谎有过一段精彩的描绘：

原来那呆子把石头当作唐僧、沙僧、行者三人，朝着他演习呢。他道："我这回去，见了师父，若问有妖怪，就说有妖怪。他问甚么山，我若说是泥捏的，土做的，锡打的，铜铸的，面蒸的，纸糊的，笔画的，他们见说我呆哩，若讲这话，一发说呆了；我只说是石头山。他问甚么洞，也只说是石头洞。他问甚么门，却说是钉钉的铁叶门。他问里边有多远，只说入内有三层。十分再搜寻，问门上钉子多少，只说老猪心忙记不真。此间编造停当，哄那弼马温去！"

八戒自以为这次撒谎滴水不漏，连门上钉子的数目都想到了，信心十足地准备去哄骗机灵的悟空。但是，我们读到这里，丝毫体会不出八戒的聪慧，倒是觉得八戒呆得一塌糊涂。不仅设想的问题呆，回答得也呆，就连对着石头自问自答的方式都带着憨憨的味道。最能突出八戒之呆的地方还不在这里，而是他陶醉在自我编织的谎言中那满足而自信的神态。他意识不到自己的呆，反而自以为聪明绝顶。

八戒食量很大。围绕他的贪吃，《西游记》写了许多趣事。如第四十七回，八戒将一碗白米饭扑的丢进嘴里"就了了"，边上的小僮以为他把饭笼在了衣袖里，因为压根儿未见八戒动嘴。八戒没法分辩，就抓过一碗饭来，幌一幌，又丢下口去。众僮仆道："爷爷呀！你是'磨砖砌的喉咙，着实又光又溜！'"八戒贪食的洋相，让读者捧腹大笑。取经功成之后，如来加封八戒为净坛使者，把天下四大部洲敬仰佛教的供养归八戒"管理"。如来佛祖真有知人之明！

八戒曾引用俗语说"和尚是色中饿鬼"，他本人就是这句俗语的身体力行者。四圣试禅心，唐僧、悟空和沙僧都过了"色"关，唯有八戒没有达标，出尽了洋相，拜堂时，被四圣捆了个结实，挂在树上，成为人们取笑的话柄。第九十三回，唐僧师徒路过天竺国，玉兔变的公主用绣球打中唐僧，欲招他为驸马。悟空对八戒提及此事，八戒顿足捶胸，如丧考妣，埋怨道："早知我去好来！都是那沙僧惫懒！你不阻我啊，我径奔彩楼之下，一绣球打着我老猪，那公主招了我，却不美哉，妙哉！俊刮标致，停当，大家造化耍子儿，何等有趣！"八戒此举当即招来沙僧的一顿嘲讽，说他"三钱银子买个老驴，自夸骑得"。

《西游记》的妙处在于，要表现八戒的"呆"，但又不是一味地写他如何如何的"呆"，而是让他不时灵光一闪，从而在更丰富的层面上揭示八戒的笨拙和憨厚。实际上，八戒之呆不是单纯意义上的智商低下，倒是有些像小品演员，故意在不合适的场合耍小聪明，以制造喜剧情调。八戒的呆与八戒的慧是联系在一起的，他的呆中透着他的慧，他的慧中包含着他的呆。

八戒之慧并非悟空身上的那种机灵和睿智，而主要源于经验和本能。第四十七回，唐僧师徒被通天河阻住去路，八戒投石试探水的深浅；第四十八回，通天河结了厚厚的一层冰，唐僧师徒准备踏冰过河，八戒要来稻草包着马蹄，并让师父把九环锡杖横在马背上。他想出的这些主意，既是他在高老庄生活经验的反映，又是民间智慧的结晶。

最能体现八戒之慧的还属《西游记》第三十一回"猪八戒义激美猴王"那一段。八戒在花果山上好话说了一大堆，悟空根本不买账，甚至还要大棍伺候。八戒深知悟空心高气傲，十分注重名头，容不得别人小看他，并且悟空是个急猴子，就想到了"请将不如激将"这句俗语，决定采用激将法：

> 八戒道："我说：'妖精，你不要无礼，莫害我师父！我还有个大师兄，叫做孙行者。他神通广大，善能降妖。他来时教你死无葬身之地！'那怪闻言，越加忿怒，骂道：'是个甚么孙行者，我可怕他！他若来，我剥了他皮，抽了他筋，啃了他骨，吃了他心！饶他猴子瘦，我也把他剁碎着油烹！'"行者闻言，就气得抓耳挠腮，暴躁乱跳道："是那个敢这等骂我！"八戒道："哥哥息怒，是那黄袍怪这等骂来，我故学与你听也。"行者道："贤弟，你起来。不是我去不成；既是妖怪敢骂我，我就不能不降他。我和你去。老孙五百年前大闹天宫，普天的神将看见我，一个个控背躬身，口口称呼大圣。这妖怪无礼，他敢背前面后骂我！我这去，把他拿住，碎尸万段，以报骂我之仇！报毕，我即回来。"

八戒的激将法非常成功，使一身傲气的悟空乖乖地跟着他去救唐僧。无论是对妖怪口气的模仿，还是对激将火候的把握，八戒都做得恰到好处。一方面，借模拟妖怪的口吻报复了悟空对自己的"无礼"和动粗；另一方面，促使悟空必须去救师父，否则就落个怕妖怪的名声。这也算八戒的急中生智吧，《西游记》中，八戒这样露脸的机会可是不多！

八戒之慧的另一表现，就是他的恶作剧。他的恶作剧在展现其慧的同时，也把他憨厚而笨拙的性格显现了出来。他经常诱导唐僧念紧箍咒捉弄、惩罚悟空，但每次都会给自己甚至整个取经队伍带来麻烦甚至祸殃。八戒的恶作剧像他的人一样，给人一种爱得咬牙切齿的复杂感觉。

取经师徒路过乌鸡国，悟空捉弄八戒，骗他说御花园的井里有宝贝。八戒在井里什么宝贝也没有找到，只见到乌鸡国国王的尸体。在悟空的棒喝下，八戒不得不把那国王的尸体背了回来。这时，八戒就在琢磨着如何报复悟空，以解心头之恨。

> 那呆子心中暗恼，算计要恨报行者，道："这猴子捉弄我，我到寺里也捉弄他捉弄，撺唆师父，只说他医得活；医不活，教师父念'紧箍儿咒'，把这猴子的脑浆勒出来，方趁我心！"走着路，再再寻思道："不好！不好！若教他医人，却是容易：他去阎王家讨将魂灵儿来，就医活了。只说不许赴阴司，阳世间就能医活，这法儿才好。"（第三十八回）

　　唐僧对八戒言听计从，果然逼着悟空在阳间医活那国王，悟空刚想说个"不"字，那长老就不停地念"紧箍儿咒"。看到悟空的窘状，"八戒笑得打跌道：'哥耶！哥耶！你只晓得捉弄我，不晓得我也捉弄你捉弄！'"（第三十九回）想不到八戒也会将计就计，更想不到聪明、机灵的悟空被一个呆子捉弄得如此狼狈！八戒和悟空之间的相互捉弄，就像两个小朋友之间的恶作剧，所以我们读了，只觉得有趣，并不感到他们品质有问题。

　　八戒是《西游记》中的第二号主人公，他虽不像孙悟空那样英雄了得，但他极具喜剧意味的"呆"与"慧"，同样赢得了历代读者的喜爱。

人生旅途的紧箍儿

　　《西游记》可以看作一部"记录"人成长经历的小说，作者借助于宗教故事向我们展示了人由懵懂顽劣的童年向心智成熟的成年过渡的历程。人在成长的历程中感受到的种种痛苦，皆源于头上那个象征着规范和责任的箍儿，而正是这个箍儿，使人在痛苦中逐渐摆脱了童年的荒谬与无知，走向了成熟。所谓"自在不成人，成人不自在"，说的就是人的成长与规范和责任之间的关系。

　　如来命观音菩萨到东土大唐寻找一个取经人，并嘱咐观音为取经人寻找几个得力的徒弟保护其西行。如来取出三个箍儿递与观音道：

　　　　"此宝唤做'紧箍儿'；虽是一样三个，但只
　　　是用各不同。我有'金紧禁'的咒语三篇。假若路
　　　上撞见神通广大的妖魔，你须是劝他学好，跟那取

经人做个徒弟。他若不伏使唤，可将此箍儿与他戴
在头上，自然见肉生根。各依所用的咒语念一念，
眼胀头痛，脑门皆裂，管教他入我门来。"（第八回）

　　事实上，在唐僧的三个徒弟中，只有悟空戴上了紧箍儿，
原因可能在于，他曾产生过打杀唐僧的念头，而八戒和沙僧
入师门后就不再有这类"犯上作乱"之念。

　　根据《西游记》的描写，紧箍儿"似一条金线儿模样，
紧紧的勒在上面，取不下，揪不断，已此生了根了"（第
十四回）。平时紧箍儿戴在头上并不妨事，但是，一旦做了"错
事"，唐僧念起"紧箍儿咒"，悟空就"痛得竖蜻蜓，翻筋斗，
耳红面赤，眼胀身麻"（第十四回），只有乖乖地保护唐僧
西天取经。黑熊精被观音的禁箍儿套住后，一顿"禁箍儿咒"
念得他"满地乱滚"。这两个箍儿都是一个圈儿，戴在头上的，
而观音菩萨收服红孩儿的金箍儿却是变作五个圈儿，其中一
个圈儿套在头上，两个套在手上，另外两个套在脚上。观音
念一下"金箍儿咒"，红孩儿立刻"搓耳揉腮，攒蹄打滚"。
紧箍儿的神奇功能令每一位不服管束者心惊胆寒。

　　悟空、黑熊精和红孩儿头上的紧箍儿象征着人在成长过
程中必须遵循的规范和接受的责任。三位都曾经是神通广大
的妖怪，这意味着他们走上正路的历程非常艰辛，他们对规
则的反抗和对社会责任的拒斥必然异常激烈。所以，紧箍儿

戴在他们的头上，更能够让读者看清紧箍儿的存在意义和价值。为了简明起见，我们就以悟空三次离开师父为线索，对悟空的成长历程做一个大致的描述。

悟空三次离开取经队伍，一次是主动地离开，另外两次是被唐僧逐出师门。这三次经历代表着成长中的三个阶段。

悟空第一次离开师父，发生在《西游记》第十四回，当时还没有戴上紧箍儿。悟空因为打死几个蟊贼而被唐僧骂了几句，赌气离开唐僧，到东海龙王那里吃茶去了，后来在龙王的劝慰下又回到了师父身边。

悟空曾是花果山无拘无束的美猴王。但他当初那种不受规范约束的生活只限于花果山这块社会之外的自然空间，随着悟空的成长，他必然要进入存在禁区和责任的社会之中。他要在这个社会中生存，就必须遵守他以前不愿承认或根本就不知道的规则，否则，他就不可避免地受到规则的惩罚。大闹天宫而被如来压在五行山下，就是悟空在天庭中使他那花果山性子的结果。被压五行山下五百年，其间悟空对于规则和禁区有了一定的认识，就主导倾向而言是愿意承担责任、接受教诲的。第八回他与观音菩萨的一段对话就表明了这一点：

菩萨道："姓孙的，你认得我么？"大圣睁开火眼金睛，点着头儿高叫道："我怎么不认得你。

你好的是那南海普陀落伽山救苦救难大慈大悲南无观世音菩萨。承看顾！承看顾！我在此度日如年，更无一个相知的来看我一看。你从那里来也？"菩萨道："我奉佛旨，上东土寻取经人去，从此经过，特留残步看你。"大圣道："如来哄了我，把我压在此山，五百余年，不能展挣。万望菩萨方便一二，救我老孙一救！"菩萨道："你这厮罪业弥深，救你出来，恐你又生祸害，反为不美。"大圣道："我已知悔了。但愿大慈悲指条门路，情愿修行。"这才是：人心生一念，天地尽皆知。善恶若无报，乾坤必有私。那菩萨闻得此言，满心欢喜。对大圣道："圣经云：'出其言善，则千里之外应之；出其言不善，则千里之外违之。'你既有此心，待我到了东土大唐国寻一个取经的人来，教他救你。你可跟他做个徒弟，秉教伽持，入我佛门，再修正果，如何？"大圣声声道："愿去！愿去！"

悟空被压山下五百年之久，无人过问，所承受的生理和心理的痛苦是可想而知的，悟空接受观音的教诲，愿意"洗心革面"，成就"功德"，就与这段痛苦体验有关。跟随唐僧做了徒弟后，悟空依然有些任性，唐僧只是骂了他几句，他就耍性子。但一经劝说，就知悔改，表明他不伏管教的性情已有所收敛。看看他在东海龙王那里吃茶时与东海龙王的一番对话，对此就可略知一二：

> 龙王道："……大圣，你若不保唐僧，不尽勤劳，不受教诲，到底是个妖仙，休想得成正果。"悟空闻言，沉吟半晌不语。龙王道："大圣自当裁处，不可图自在，误了前程。"悟空道："莫多话，老孙还去保他便了。"（第十四回）

这与花果山一味"自在耍子"的美猴王已有极大的区别，这也意味着悟空开始由自然之人向社会之人转变。

悟空第二次离开唐僧是戴上紧箍儿之后的事了。因为三打白骨精，惹恼了肉眼凡胎、不识真假的唐僧，师父一怒之下，把悟空逐出师门。应该说，这一次不是悟空的错，他被唐僧冤屈了。尽管如此，悟空也不像上次那样任性用事，而是与唐僧展开了有理有据的"冲撞"。悟空一打白骨精，唐僧要逐悟空，悟空以没有报答唐僧的解救之恩为由，躲过了一劫；二打白骨精，唐僧又要逐悟空，悟空以除掉头上的紧箍儿为离开的前提，又躲过一劫；直到第三次，唐僧动了肝火，悟空求饶失效，被迫离开，临行时也没忘记给师父行礼。悟空在这次被逐中的表现，至少说明了三点：一是悟空知道了如何利用"规则"与唐僧进行合理的"冲撞"，掌握了一定的技巧；二是悟空更有责任感了，他不再为了一时的性子而忽略肩上的重任，所以，他才肯放下那高傲的"尊严"，再三向唐僧"乞求"；三是悟空学会了忍辱负重，这是悟空由自然人向社会人转变的重要标志，也是悟空与美猴王相区别的根本所在。可以想象，如果唐僧在花果山上这么"蛮横"，他早就成了悟空的棒下游魂。

悟空第三次离开师父，发生在《西游记》的第五十六回至五十七回。悟空打杀了几个蟊贼，为唐僧所不容，悟空百般求饶无果，无奈之下，准备再回花果山。刚驾起筋斗云，起到空中，忽然省悟道："这和尚负了我心，我且向普陀崖告诉观音菩萨去来。"（第五十七回）应该说，悟空的"省悟"正是他成熟的标志，他已经摆脱了以前"单打独斗"的局面，开始为自己寻找靠山和帮手了。果然，这次告状很有效，观音菩萨虽然表面上批评悟空，实则站在悟空一边。她提醒唐僧道："你今须是收留悟空。一路上魔障未消，必得他保护你，才得到灵山，见佛取经。再休嗔怪。"（第五十八回）从此以后，唐僧再也没有念过半句"紧箍儿咒"，也不再驱逐悟空了，更难能可贵的是唐僧信任悟空了，不再动辄掣肘。师徒之间的关系大大改善。

悟空第一次离开唐僧是在没有戴上紧箍儿之前，后两次被逐发生在戴上紧箍儿之后。从悟空前后的表现，我们清楚地看到其成长的轨迹，而对其成长起着重大作用的就是头上的紧箍儿。正是在紧箍儿的规范下悟空一步一步走向了成熟，也走向了成功。黑熊精和红孩儿戴上紧箍后也改邪归正，放弃了以前吃人的勾当，走上正路，跟随观音修成正果。

其实，人人头上都有紧箍，只不过悟空头上的紧箍是有形的，而我们头上的紧箍是无形的。这顶紧箍规定着哪些是我们可以做的，哪些是我们必须做的，哪些是我们不能做的。社会与自然不同的地方就在于，它除了有像自然那样的一般规律外，还有许多人为的规则和制度。当我们在规则内运作的时候，我们头上的那顶紧箍仿佛就不存在。但是，一旦我们触犯了规则，头上的紧箍就开始"运转"了，警告我们必须调整和规范我们的行为，否则，就像当年的悟空一样，必被镇压在五行山下。生活中有许许多多的"雷区"是不能触碰的，方方面面的规范是人们必须遵守的。人的成长就是在紧箍的制约下一次一次地从规则的惩罚中"纠偏矫正"，等到人们"从心所欲不逾矩"的时候，头上的那顶紧箍就会不翼而飞，自然消失。

《西游记》中的法宝

《西游记》写仙写佛写妖，离不开对法宝的描绘。所谓法宝，即具有某种神奇功能的物件。

先说道家的法宝。道家的法宝在《西游记》中很多，而声名最为显赫的法宝拥有者当推道教教主太上老君。炼丹的八卦炉、盛丹的葫芦、盛水的净瓶、炼魔的宝剑、煽火的芭蕉扇、炼丹时束腰的绳子、拴牛的金钢琢等都是法宝。八卦炉不仅能给玉帝炼制仙丹妙药，还能够打造兵器，八戒的九齿钉钯就是太上老君在这里炼就的；他的两个看炉的童子带着盛丹的葫芦、盛水的净瓶到下界为恶，喊你的名字，只要你一答应，就会被吸进里边，过上一时半刻便化作脓水；金钢琢的威力更是非同小可，有一次被他的青牛偷了来下界为妖，把悟空的金箍棒、哪吒的六件神兵等一股脑儿套了过来。

镇元大仙乃地仙之祖，《西游记》中他没有显露什么宝贝，但他的那袭袍袖就足以让人刮目相看。"那行者没高没低的，棍子乱打。大仙把玉麈左遮右挡，奈了他两三回合，使一个'袖里乾坤'的手段，在云端里，把袍袖迎风轻轻的一展，刷地前来，把四僧连马一袖子笼住。"八戒用钯乱筑一阵，不料那袍袖"手捻着虽然是个软的，筑起来就比铁还硬"（第二十五回）。悟空等人两次被笼在衣袖里，领教了镇元大仙的厉害。

紫阳真人在《西游记》中只出现一次，没有给人留下深刻印象，但他的一件宝贝却着实了得，那就是五彩霞衣。观音菩萨的金毛犼到下界为妖，把朱紫国的金圣娘娘抢去，做押寨夫人。正巧紫阳真人经过这里，就把一件旧棕衣变作五彩霞衣披在了那娘娘身上，从此，那娘娘生了一身毒刺，妖怪不能接触她的身体，从而保住了那娘娘的贞操。直到悟空降伏那妖怪，救出了金圣娘娘，紫阳真人才收回宝衣，那娘娘"遍体如旧"。

《西游记》中佛家的妖怪多，佛家的宝贝也多。观音菩萨的净瓶就是一件宝物，它里边装的不是凡水，而是"甘露水"，善治仙树灵苗。据说，太上老君当初与观音菩萨打赌，老君把观音的杨柳枝拔了去，放在炼丹炉里，炙得焦干，送给观音。观音把它插在净瓶里。一昼夜的功夫，那杨柳枝又青枝绿叶，郁郁葱葱，和原来一般无二。悟空把镇元大仙的人参果树连根拔起，多亏了观音的这个净瓶，又让那树恢复如初。此外，那净瓶还能装下一海的水，当初，浇灭红孩儿的三昧真火，靠的就是它。

弥勒佛的宝贝煞是了得。为弥勒佛司磬的黄眉童儿趁他赴元始会之机，带着弥勒佛的人种袋以及敲磬的锤儿和金铙来到下界，私设小雷音寺欺骗唐僧师徒。那金铙非同小可，"只听得半空中叮当一声，撇下一副金铙，把行者连头带足，合在金铙之内"。"急得他（孙悟空）使铁棒乱打，莫想得动分毫。"那人种袋更是神奇，"往上一抛，滑的一声响嚓，把孙大圣、二十八宿与五方揭谛，一搭包儿通装将去"（第六十五回）。直到弥勒佛亲自出马，方才降伏那怪。

灵吉菩萨的飞龙杖与定风丹也神力非凡。黄风岭的黄风怪使弄妖风，悟空敌他不过，到须弥山请来了灵吉菩萨，只见"灵吉菩萨将飞龙杖丢将下来，不知念了些甚么咒语，却是一条八爪金龙，拨喇的轮开两爪，一把抓住妖精，提着头，两三摔，摔在山石崖边，现了本相，却是一个黄毛貂鼠"（第二十一回）。铁扇公主的芭蕉扇威力无比，一扇子能把人扇到八万四千里开外，灵吉菩萨将定风丹缝在悟空衣服里，铁扇公主"望行者搧了一扇，行者巍然不动"。

毗蓝婆菩萨的"绣花针"大有来头，据她介绍："我这宝贝，非钢，非铁，非金，乃我小儿日眼里炼成的。"她的小儿就是二十八宿之一的昴日星官，没想到他眼里也能炼成法宝！多目怪的金光曾打败悟空，但在毗蓝婆菩萨面前却威力尽失，"毗蓝随于衣领里取出一个绣花针，似眉毛粗细，有五六分长短，拈在手，望空抛去。少时间，响一声，破了金光"（第七十三回）。

照妖镜的所有权存在争议。《西游记》说它是托塔天王李靖的宝物。李靖曾用它对付悟空和牛魔王，后来文殊菩萨降伏青毛狮子怪也用上了照妖镜。但《封神演义》却说它是云中子的宝贝。撇开所有权问题不谈，照妖镜的作用主要有两点：一是凭借它能够看清妖怪的本来面目；二是它能够照住妖怪的本像，让妖怪腾挪不动，无计逃走，牛魔王和青毛狮子怪就是这样被降伏的。

铁扇公主的芭蕉扇也是一件难得的宝贝。据灵吉菩萨介绍，"那芭蕉扇本是昆仑山后，自混沌开辟以来，天地产成的一个灵宝，乃太阴之精叶，故能灭火气。假若搧着人，要飘八万四千里，方息阴风"（第五十九回）。且这把宝扇能大能小，不用的时候可以含在口里，不占地方，用的时候，念一下口诀，能够变作"一丈二尺长短"，一扇子就把火焰山"平平息焰，寂寂除光"，两扇子就"习习潇潇，清风微动"，三扇子就"满天云漠漠，细雨落霏霏"（第六十一回），四十九扇后，火焰山彻底断了火根。

像五行相克一样，任何法宝都不会厉害到没有极限的地步，它自身必然存在着一个命门，也就是说，至少有一种法宝能够降伏它。比如太上老君的金钢琢固然厉害，悟空、哪吒、天王、龙王、火德星君等人的兵器、法宝都奈何不了它，甚至连如来的十八粒金刚砂也被它套去。但在老君的芭蕉扇前，它就威风不起来了，扇了两下，金钢琢便失灵了。铁扇公主的芭蕉扇也是如此，威力极大，但一粒定风丹就让它无能为力。这种"一物降一物"的设计是很有道理的。任何事物的威力都不能超过一定的限度，不能达到无法控制的地步，必须存在一种对它进行有效制约的"宝贝"或办法。否则，以动态平衡为特征的秩序就会遭到破坏，甚至毁灭。所以，先人们在给仙、佛配置法宝的同时，也在这个宝贝身上埋下了一个"盲点"，安排另外一个法宝对它进行"牵制"。《西游记》如此，其他传奇小说和武侠小说也常常如此。

《西游记》写法宝有两个特点：其一，法宝的威力大小往往与它们主人的地位和厉害程度成正比。比如，如来、观音、弥勒佛、太上老君、镇元大仙等的地位高、法力大，他们的法宝自然就非他辈的法宝能比。寿星、太阴星君、李天王等人的地位稍低，法力也不是很大，他们法宝的威力也就小些。其二，法宝多为日常生活中的用品。悟空使棒，八戒使钯，这是读者十分熟悉的。其他如葫芦、净瓶、芭蕉扇、人种袋、敲磬锤、金铙等，亦均为常见之物。唯其常见而又奇异，方能引起读者的好奇心和亲切感。

《西游记》中千奇百怪的法宝，让读者的好奇心获得极大满足。

第四讲

《红楼梦》

《红楼梦》综述

　　《红楼梦》是曹雪芹对中国文学和中国文化的伟大贡献。他以自身亲历亲闻的生活为基础，以"真事隐去""假语村言"的方式，书写了他的人生阅历和感悟。其深邃丰厚的内容、诗性的叙事、丰富多彩的人物形象和感人肺腑的情节，具有永恒的魅力。"红学"也因他的这部名著而长盛不衰。

　　《红楼梦》前八十回的作者，一般认为是曹雪芹（约1715—约1763）。他名霑，字梦阮，号雪芹，又号芹圃、芹溪。其先祖为汉人，约于明末入满洲籍，属汉军正白旗。祖籍辽宁辽阳，生于江苏南京。一说原籍河北丰润，寄籍辽阳。

　　曹雪芹出生在一个贵族世家。从曾祖父曹玺起，历祖父曹寅，父辈曹颙、曹頫，三代世袭当时的财赋要职江宁织造。织造是内务府外派监造宫用绸缎衣饰的官员，还可直接向皇帝奏报地方官民情形。康熙帝六次南巡，有五次以曹家主管的江宁织造署为行宫，其中四次是在曹寅任内。曹寅，字子清，号楝亭，饱学工诗，深受康熙帝宠信，曾任织造二十余年，还数次兼任两淮巡盐御史，奉命主持编刻《全唐诗》《佩文韵府》。有《楝亭诗钞》等著述。"百年望族"和"诗礼之家"的背景，对曹雪芹的影响巨大而深远。

少年时代的曹雪芹过的是纨绔子弟的生活。雍正即位后，政海风波迭起。曹頫在雍正初年累受谕批斥责，雍正五年（1727）被罢职，接着家产被抄没，曹家急遽衰落。大约在雍正六年（1728）六月间，曹家回到北方，从此离开了江南旧家。这年曹雪芹大约十二三岁。乾隆初年，据说曹家的境况似有转机而旋遭更大的祸变，从此沦入"树倒猢狲散"的境地。返北以后的曹雪芹，先在"官学"就读，后入内务府当差，家境贫困。晚年迁居西郊山村，过着"茅椽蓬牖，瓦灶绳床"（《红楼梦》第一回）、"举家食粥酒常赊""著书黄叶村"的生活。但"蓬牖茅椽，绳床瓦灶，并不足妨我襟怀；况那晨风夕月，阶柳庭花，更觉得润人笔墨"（《红楼梦》第一回），"十年辛苦不寻常"，他以惊人的毅力创作和修改"字字看来皆是血"的《红楼梦》。生活的贫困，创作的艰辛，加上爱子夭折，感伤成疾，曹雪芹不到五十岁便与世长辞，身后留下的是他的"新妇"和未完成的《红楼梦》书稿。

《红楼梦》的后四十回，其订补者可能是高鹗。高鹗字兰墅，祖籍辽东铁岭，汉军镶黄旗内务府人。寓居北京，因酷爱《红楼梦》，自署"红楼外史"。乾隆五十三年（1788）中举，乾隆六十年（1795）成进士，嘉庆六年（1801）以内阁侍读为顺天乡试同考官，嘉庆十四年（1809）考选都察院江南道监察御史，嘉庆十八年（1813）任刑科给事中，因失察八卦教教首林清谋反案，降三级调用。据张问陶《赠高兰墅同年》（见《船山诗草》卷十六《辛癸集》）诗的题下自注："传奇《红楼梦》八十回以后，俱兰墅所补。"所谓"补"，当即"补缀"之意，即以曹雪芹遗留的残稿为基础，将贾府败亡、宝黛悲剧等重要关目组织为一个整体。程高本结束了《红楼梦》的传抄时代，此后《红楼梦》便以刊本形式流传。

《红楼梦》之前的人情小说，以晚明《金瓶梅》为代表的写实和以清初才子佳人小说为代表的对诗意的追求，各有所长，也各有所短。《金瓶梅》的风格和市井生活打成一片，因而只能容纳平凡粗俗、琐细卑微的人物，如西门庆、应伯爵之流，而未能塑造出超世拔俗的形象。才子佳人小说的玫瑰色的诗意，却又靠牺牲写实得来，付出的代价更大，那么多的作品基本上是失败的记录。

《红楼梦》将写实手法与诗意的叙事、神秘氛围融为一体，从而创造了一个引人入胜的艺术世界。

《红楼梦》长于描写现实情境，贾府就是依照现实生活的情形描绘出来的。"世代簪缨""诗礼传家"的贾府虽有种种纷争、毛病，大体的礼数秩序则依然得到维持。主子们养尊处优，呼奴唤婢，却并不随意作践下人，各房主子与贴身丫头，大都关系融洽、温情脉脉。贾母不光对宝玉疼爱有加，还时常与孙女孙媳们逗乐游玩，对丫头鸳鸯信任倚靠，接待穷亲戚刘姥姥也和善厚道。世代为仆的赖大，当上了管家，有了自己的房舍、田地和奴婢，蒙贾府"恩典"，他的儿子赖尚荣被注销了奴才名分，捐了个县官，富贵起来了。而不太驯顺的焦大，虽然当年救过老主子的命，到老还是府里干粗活的奴才，因为喝醉了酒乱骂小主子，被捆起来，打发到荒远的田庄去了。鸳鸯作为贾母的心腹丫头和生活依靠，连王熙凤也要留意她的眼色。赵姨娘虽然名为主子，却因行事昏聩，连小丫鬟也不拿她当回事。"其间悲欢离合，兴衰际遇，俱是按迹循踪，不敢稍加穿凿，致失其真。"（《红楼梦》第一回）其中，性格鲜明的人物有数十个，打破了脸谱化的旧套。

曹雪芹还长于将理想的诗意境界以写实的笔法呈现给读者。其一，《红楼梦》的许多人物具有内在的诗意或韵味。黛玉的幽香如兰的气质，湘云的魏晋风流，晴雯的光风霁月的胸襟，妙玉的如槛外之梅的孤高……曹雪芹从不过分夸耀这些女孩的才、学，而是突出她们特有的诗人一般的感受生活的方式。其二，在展开富于诗意的情节时，自然妥帖，具有鲜明的写实特征。如第二十三回对黛玉葬花的描写，既是诗的意境，也是生活的画面。

曹雪芹也善于将神秘氛围以写实的笔法呈现给读者，《红楼梦》写了诸多无法问其究竟的场景、人物和情节，扑朔迷离，却又写得极为真切。例如，贾宝玉就不乏神秘色彩。"却说那女娲氏炼石补天之时，于大荒山无稽崖炼成高十二丈、见方二十四丈大的顽石三万六千五百零一块。那娲皇只用了三万六千五百块，单单剩下一块未用，弃在青埂峰下。"这就是宝玉的前身。他被一僧一道携至"昌明隆盛之邦，诗礼簪缨之族，花柳繁华地，温柔富贵乡"走了一遭，而他来到这个凡俗的世界时，"一落胞胎嘴里便衔下一块五彩晶莹的玉来，还有许多字迹"。以写实笔法描叙神秘而富于诗意的人物、场景和情节，这是《红楼梦》的一个特点。

《红楼梦》的写实、诗意与神秘氛围的融合以中国古典文学积淀的诸多审美因素作为基础，集其大成，因而成为小说史上难以逾越的经典。

《红楼梦》面世后，流传广泛，影响很大。嘉庆、道光年间，《红楼梦》续书如雨后春笋不断涌现，多达三十余种，如逍遥子《后红楼梦》、秦子忱《续红楼梦》、兰皋主人《红楼续梦》、陈少海《红楼复梦》、海圃主人《续红楼梦》、归锄子《红楼梦补》、临鹤山人《红楼圆梦》等。这些续书可大体分为两类，一类是从第一百二十回续起，一类接在第九十七回后，而以前一种居多。它们以《红楼梦》的情节设计和风格特征为起点，从各自的感情倾向和艺术趣味出发，做了不同的演绎和发挥。其水准高低不等，但通常缺乏震撼人心的力量。清末的狭邪小说也受到《红楼梦》的影响。狭邪小说指以娼妓、优伶为主要描写对象的章回小说，如陈森《品花宝鉴》、魏秀仁《花月痕》、俞达《青楼梦》、韩邦庆《海上花列传》等。鲁迅《中国小说史略》第二十六篇指出了狭邪小说兴盛的缘由："特以谈钗黛而生厌，因改求佳人于倡优，知大观园者已多，则另辟情场于北里而已。"稍后的鸳鸯蝴蝶派小说即由此繁衍而来。《红楼梦》还被大量改编为其他文体。清代根据《红楼梦》改编成的传奇、杂剧有二十多种；韩小窗的子弟书《黛玉悲秋》是脍炙人口的名段。近代以降的《红楼梦》戏多达数百部，梅兰芳《黛玉葬花》、荀慧生《红楼二尤》是京剧精品。电影和电视连续剧也大量取材于《红楼梦》。《红楼梦》有英、日、俄、法等十几个语种的全译本或节译本，获得了世界性的文学声誉。在学术研究领域，晚清以来兴盛的索隐派和"新红学"，也建立在《红楼梦》巨大影响的基础上。

《红楼梦》对才子佳人小说的扬弃与超越

致力于对才子佳人小说的扬弃与超越，是《红楼梦》的一个特点。曹雪芹一方面从理论分析的角度解构才子佳人小说，如开卷第一回即批评"才子佳人等书""开口'文君'，满篇'子建'，千部一腔，千人一面，且终不能不涉淫滥"，第五十四回又由贾母具体剖析了才子佳人小说的不近情理之处；另一方面又在情节设计上致力于对才子佳人小说的扬弃与超越，第一回"贾雨村风尘怀闺秀"，让俗不可耐的贾雨村扮演才子，让甄士隐家的丫鬟娇杏扮演佳人，便是洋溢着调侃意味的戏拟。

《红楼梦》对才子佳人小说的扬弃与超越，尤其表现在对宝黛爱情的描写上。这里可以从恋爱过程、恋爱结果做一简要比较。

才子佳人的恋爱几乎无一例外为一见钟情。平如衡闵子庙遇冷绛雪，"回目一视"，"惊喜得如痴如狂，心魂俱把捉不定"。"一霎时心中就有千思万虑，肠回九转，直坐到傍黑，方才挣归客店。真个是捣枕捶床，一夜不曾合眼。捱到天明，浑身发热如火，就在客店中直病了半月方好。"冷绛雪亦是十分惆怅，"终日踌躇"。（天花藏主人《平山冷燕》）

一见钟情的恋爱发生方式虽不高明，却有其现实依据：传统社会的女性（青楼女子除外），其活动范围差不多囿于闺房与庭院，未婚女性更是深居闺中，足不出户。在这种背景下，未婚男女难有接触交往的机会，好容易见上一面，这种机遇是小说作者不能放过的，否则他将难以再次创造恋爱契机。

才子佳人的恋爱通常以两种方式推进。一为私订终身后花园，诗词酬答、幽期密约，所有环节都在花红柳绿的后花园里完成。佳人思春心切，才子风情万种，而紧跟小姐的贴身丫鬟则为知情者和协助者。其情节逻辑是非现实的，正如《红楼梦》第五十四回贾母所说："开口都是乡绅门第，父亲不是尚书，就是宰相。一个小姐，必是爱如珍宝。这小姐必是通文知礼，无所不晓，竟是绝代佳人。只见了一个清俊男人，不管是亲是友，想起他的终身大事来，父母也忘了，书也忘了。……既说是世宦书香大家子的小姐……自然奶妈子丫头伏侍小姐的人也不少，怎么这些书上，凡有这样的事，就只小姐和紧跟的一个丫头知道？"曹雪芹对才子佳人小说的底细是了如指掌的。

另一种推进方式是，才子与佳人因相互倾慕而相互追寻，在追寻过程中往往有小人拨乱其间。男女主角一见倾心，旋即匆匆而别，杳无音讯，从此双方满怀期待地寻找擦肩而过的情缘。找寻的依据是彼此都有天下无双的才学，找寻的方式是女才子园中设坛，比诗招亲。双方很少正面交流情感，更不存在身体接触，而是一种纯精神的怀想恋慕。才子佳人在屡次失望中备受煎熬，小人的捣乱更增加了找寻的艰难曲折。整个过程的重头戏是后花园比试才学，其炫耀才学的倾向由此可见。正如《红楼梦》第一回所说："至于才子佳人等书，则又开口'文君'，满篇'子建'，千部一腔，千人一面……在作者不过要写出自己的两首情诗艳赋来，故假捏出男女二人名姓，又必旁添一小人拨乱其间。"这种程式化的情节是够乏味的。

无论是私订终身后花园还是比试才学后花园，恋爱结果都是：才子中状元，一对有情人获得美满结局。但相同的结局背后，深层的内涵却有较大区别。私订终身后花园的团圆结局旨在使情有所归。其女主角是受到自然启发的青春女子，在她们的恋爱经历中，寄托着作者肯定爱情与青春的情怀。而比试才学后花园的团圆结局主要是文人补偿心理使然。其恋爱过程侧重于展示男女主角的才学，感情并不是故事的重点。小说中的女主角其实就是女性的才子。在《平山冷燕》中，如果撇开山黛和冷绛雪的女性容貌，她们差不多能与燕白颔、平如衡对调，甚至在才学和气度上有过之而无不及。故事以男性本位的叙述方式展开，旨在获得心理安慰。如天花藏主人的《平山冷燕》序所说："惟真正才子，屈于不知，苦于无路，满腹经纶，一腔之才，抑郁多时，无人过问，欲笑不可，欲哭不能，故不得已而借纸上黄粱吐胸中浩气。"高中状元表明才学获得社会认可，娶得才女表明才学获得异性认可。这类才子佳人小说的作者多为失意文人，他们只有在小说中才能扬眉吐气。

　　《红楼梦》虽将宝黛爱情设定为"木石姻缘"，仿佛前世就已注定，但两人的感情并没有像后花园恋爱形态那样，一见面就轰轰烈烈，而是在朝夕相处中确立和深化的。黛玉进贾府以后，有好几年一直和宝玉同住贾母处，"一床睡，一桌吃"。搬进大观园后，宝玉住怡红院，黛玉住潇湘馆，两处毗邻。宝黛二人形影相随，这为两人的深入交流提供了有利的客观条件。

　　宝黛爱情的推进方式也不同于后花园恋爱形态。在两人的交往中，才学不是重心，彼此反复斟酌的是对方的人生观和感受生活的方式，是彼此在对方心中的地位。黛玉进贾府不久，宝钗一家入住梨香院。宝钗戴着錾有吉谶的金锁，正好与宝玉的通灵宝玉相配，即所谓"金玉良缘"。黛玉因此大为不安，时常拿金玉良缘试探宝玉。第八回，宝钗有恙，宝黛二人前去探望，黛玉含沙射影地揶揄宝玉听宝钗话。第九回，宝玉入家塾上学，向黛玉辞别，黛玉又讥笑他别忘了去辞宝姐姐。入住大观园后，宝黛感情渐笃，也更加频繁地为金玉良缘争吵。第二十八回，黛玉借故提起金玉良缘，急得宝玉矢口否认："除了别人说什么金什么玉，我心里要有这个想头，天诛地灭，万世不得人身。"第二十九回，黛玉又说起金锁、好姻缘之类的话，宝玉心下怄气，觉得黛玉太辜负他了，赌气砸玉，闹得不可开交，连老祖宗贾母也被惊动。黛玉屡屡试探，宝玉则一次次表白心迹。"好妹妹，我的这个心，从来不敢说，今日胆大说出来，就是死了也是甘心的。我为你也弄了一身的病，又不敢告诉人，只好揣着。等你的病好了，只怕我的病才得好呢。睡里梦里也忘不了你！"这种试探，直到第三十二回"诉肺腑心迷活宝玉"，黛玉确信宝玉拒斥金玉良缘而心向木石姻缘才告结束。

木石姻缘以宝黛共同的人生观和感受生活的方式为基础。《红楼梦》第二十三回，宝玉在沁芳闸上偷读《会真记》，黛玉心领神会，要宝玉拿出书来一起分享。偷看"邪书"，只有黛玉才会不加掩饰地予以认可。黛玉葬花，也只有宝玉才能体会出这件事情对于生命和人生的意义。第三十二回，湘云劝宝玉多出去应酬，结交一些官员，为"仕途经济"做准备，宝玉旋即与湘云翻脸。他还理直气壮地为黛玉辩护："林姑娘从来说过这些混帐话吗？要是他也说过这些混帐话，我早和他生分了。"从本性上说，每个人都渴望摆脱孤独状态，总在寻觅着自己的知音。宝玉之所以爱黛玉，就因为他们是知音，是同一类人。他们从对方身上得到力量和勇气，以坚守自己的立场。

从结局看，宝黛爱情是不折不扣的悲剧。贾府家长眼中宝玉媳妇的最佳人选是宝钗。元妃派送礼物，只有宝钗与宝玉所得相同。贾母曾当众赞赏宝钗最最出众："提起姐妹，不是我当着姨太太的面奉承，千真万真，从我们家里四个女孩儿算起，都不如宝丫头。"宝钗的才貌不输黛玉，而性情温顺，涵养极好，这些正是婚姻关系中备受推崇的淑女品德。

在宝玉与宝钗成婚之际，黛玉焚稿含恨而亡。这样的悲剧结局，迥异于才子佳人小说的大团圆结局。"古语云：读《出师表》而不流涕者，非忠臣；读《陈情表》而不流涕者，非孝子。仆谓读此回而不流涕者，非人情也。昔杜默下第，至项王庙中痛哭，泥神为之下泪。夫下第之怨，何至于此？若此回焚绢子，焚诗稿，虽铁石心肠，亦应断绝矣。屈子吟骚，江郎赋恨。其为沉痛，庶几近之。虽然，世人皆为黛玉哭耳，仆所哭者，尤在宝玉焉。断痴情之痛，不若成大礼之痛为更深。夫自古皆有死，为黛玉哭，恨可言也；民无信不立，为宝玉哭，恨不可言也。天下古今第一有情人，偏生屈作负心人，此段奇冤诉于人，人不知白；诉于天，天不能言，岂不痛哉！世之读《红楼梦》者，莫不深爱宝玉。或有莽汉，不

爱黛玉，然即不爱黛玉，吾知必不忍见其如此死；深爱宝玉，亦不忍见其如此生。"（陈其泰《桐花凤阁评〈红楼梦〉》）

宝黛爱情的丰富内涵和深刻的悲剧意蕴，是清初才子佳人小说望尘莫及的。

大观园——曹雪芹笔下的桃花源

俞平伯《红楼梦辨》中卷在讨论大观园的地点时，曾指出其中存在南北混杂的现象。贾家如在南方，何以有炕？但大观园中有竹，有苔，有木香，有荼蘼、蔷薇，冬天有红梅，席面上有桂花，喝的是隔年雨水，又怎能说是北方的事情。这一现象是"自传说"无法解释的。俞平伯由此意识到："要知雪芹此书虽记实事，却也不全是信史。他明明说'真事隐去''假语村言''荒唐言'，可见添饰点缀处是有的。""《红楼梦》虽是以真事为蓝本，但究竟是部小说，我们却真当它是一部信史看，不免有些傻气，即如元妃省亲当然实际上没有这回事（清代妃嫔并无姓曹的），里面材料大半从南巡接驾一事拆下来运用的。这正是文字的穿插，也是应有的文学手腕。"大观园是曹雪芹按照他的艺术理想设计出来的一个空间。

大观园表面上是为元妃省亲而建，而实际上是为宝玉和他生活中的那群女孩而设。这个空间和外面的世界是有所不同的。外面的世界和"红尘"裹在一起，无论是贾政、贾赦，还是贾珍、贾琏，不管人品如何，都处在"红尘"的包围之中。大观园里面就少了许多扰攘的事务，宛如世外桃源。"雪芹所记大观园，恍然一五柳先生所记之桃花源也。其中林壑田池，于荣府中别一天地，自宝玉率群钗来此，怡然自乐，直欲与外人间隔矣。此中人呓语云，除却怡红公子，雅不愿有人来问津也。"（二知道人《红楼梦说梦》）作为唯一可以住进大观园的男子，宝玉可以用心感受女儿们的喜怒哀乐。

大观园既独立于贾府之外的社会，也独立于贾府之内的家庭，社会和家庭的约束在这里暂时消失。两两相对的伦常关系如君臣、父子、夫妻、兄弟、朋友亦可暂告阙如。在明媚灵秀的后花园中徜徉，倾听来自自然的声响和来自心底的呼唤，非功利的审美趣味得以从容彰显，许多玫瑰色的梦也由此浮现。后花园遵循理想主义的审美原则而非理性主义的生活原则，即所谓"理之所必无，情之所必有"。

大观园中的景致不是单纯的自然景象，而是园中人物性情的外化。园中各庭院的院馆建构、花木配置及室内陈设都打上了入住主人气质性情的印迹。黛玉入住的潇湘馆，"一带粉垣，数楹修舍，有千百竿翠竹遮映"，后园"有大株梨花，阔叶芭蕉，又有两间小小退步。后院墙下忽开一隙，得泉一派，开沟尺许，灌入墙内，缘阶绕屋至前院，盘旋竹下而出"。这是潇湘馆特有的风神，也是黛玉超逸品格的写照。宝玉入住的怡红院，有"竹篱花障编就的月洞门"，有"满架蔷薇"，有"其势若伞，丝垂金缕，葩吐丹砂"的西府海棠，俗名"女儿棠"。这正符合宝玉关注女孩、好研花弄粉的性格。而室内陈设精美，与别处不同，又反衬出宝玉的身份。宝钗入住的蘅芜苑，陈设简朴，卧室如同"雪洞一般，一色玩器全无，案上只有一个土定瓶中供着数枝菊花，并两部书，茶奁、茶杯而已"。则折射出宝钗的简朴素雅、守拙安分。

大观园的出现、兴盛和衰落过程直接影响了《红楼梦》的整体布局。《红楼梦》的开头五回是第一单元，相当于话本小说的楔子，用以涵盖全书。第六回至第十六回为第二单元，大观园尚未出现于《红楼梦》中。第十七回至第二十二回为第三单元，大观园落成。第二十三回至第三十六回为第四单元，贾宝玉等住进大观园中，宝黛恋情及相关试探陆续展开。从第三十七回开始，大观园进入极盛，海棠诗社成立，宝玉和园内众姊妹们整日以吟诗作画、宴饮嬉戏为娱，近乎过着一种两耳不闻窗外事的生活。从第五十五回起，大观园逐渐丧失其理想色彩，与外面世界的差距逐渐缩小，而第七十四回的抄检大观园，则标志着这个理想空间的消失。

《红楼梦》以大观园的兴衰主导《红楼梦》的情调安排，不同的情调构成了不同的情节板块或情节单元。例如，《红楼梦》的第二单元，集中写尚未出现大观园的贾府，致力于渲染一种乌烟瘴气的氛围。作者似乎要穷尽世间污浊与世俗之卑琐，在这一单元写个痛快。以第十一回与第十三回秦可卿之死为例，作者虽隐晦原委，但仍然将其与贾珍的不伦曲笔写出。此外，凤姐之狠辣，贾瑞之淫心，似乎将读者带入了《金瓶梅》中。在这一单元中，几乎所有的人物都沾染上了污浊之气，呈现出沉闷、阴郁的色调，就连宝玉也未能幸免。与第二单元形成对照，从第十七回开始，大观园落成，以元宵之喜庆一扫此前的阴郁之气，直至第二十二回众姊妹与宝玉搬进大观园，作者有意将这一单元处理为"轻喜剧"。在轻喜剧情调的笼罩下，这一单元不仅淡化了那些暗地里的龌龊之事，如贾琏与多姑娘的幽会，作者借平儿之口三言两语敷衍过去，还有意缓和了人物之间的冲突。以湘云与黛玉的吵嘴为例：湘云以戏子比黛玉，着实戳中了黛玉的痛处，而宝玉之劝解反成了火上浇油。一个心直口快，一个心思玲珑，二者的冲突看似不可开交，却以黛玉、湘云、宝钗等众姊妹一起拿宝玉的悟禅机取笑便轻易化解了。原以为是一场紧张的人际纷争，其实只是少男少女之间轻松的拌嘴，来得快去得也快。自第二十三回起，宝玉与众姊妹正式进入大观园，之前的世俗污浊之事由逐渐淡化到逐渐隐去，由轻描淡写变为避而不谈，《红楼梦》兴高采烈加以渲染的是诗化的情调。如第二十七回，芒种时节饯花神，"那些女孩子们，或用花瓣柳枝编成轿马的，或用绫锦纱罗叠成干旄旌幢的，都用彩线系了，每一棵树头每一枝花上，都系了这些物事。满园里绣带飘摇，花枝招展；更兼这些人打扮的桃羞杏让，燕妒莺惭，一时也道不尽"。极具舞台表演效果的"葬花吟"也在大观园中被合理化了。第三十七回，海棠诗社成立，而在这一单元中，大观园的诗意也变得更加浓郁了：贾母两宴大观园，与大家一起听戏、行酒令，将热烈融洽的氛围推向高潮；凤姐也专司逗趣之职，她之前的狠辣算计似乎不复存在。《红楼梦》各单元之间的情调差异，构成了小说布局的一个特点；而情调差异又与大观园的兴衰恰好构成对应关系。

　　《红楼梦》以大观园的兴衰主导《红楼梦》的情调安排，连人物性格的表现也受到这一安排的制约。如果说《红楼梦》的基调是悲剧，那么尤能体现这一基调的人物便是黛玉。"埋香冢飞燕泣残红"，"风雨夕闷制风雨词"，黛玉给人传达的似乎永远是一种绵延不断的凄美与悲凉。读者也因而容易产生这样的印象：黛玉只有忧郁的气质。其实并不尽然。细读《红楼梦》，不难发现，黛玉也有幽默活泼的一面。比如，在第二十回"轻喜剧"的氛围中，黛玉和湘云打趣："偏是咬舌子爱说话，连个'二'哥哥也叫不出来，只是'爱'哥哥'爱'哥哥的。回来赶围棋儿，又该你闹幺'爱'三了。"在第三十七至四十二回大观园极盛之时，黛玉轻松活泼地拿宝玉与众人逗笑："咱们雪下吟诗，依我说，还不如弄一捆柴火，雪下抽柴，还更有趣儿呢。"同一人物的各个性格侧面，往往不会一次就显露无遗，而是在不同单元中根据作品情调的需要部分地表现出来，相互之间互为补充。第二十回和第三十九回的这几个细节，使我们看到了黛玉虽不常见但也确实存在的活泼与幽默。而黛玉的幽默活泼之所以在这两个单元表现出来，则是基于大观园的出现和鼎盛所确立的明朗的色调。

从第五十五回起，大观园逐渐丧失其理想色彩。其一，一些原本不属于大观园、与大观园不相干的人也进了园子。承包园圃的婆子们的进入，不仅打破了大观园原有的独立与纯粹，就连小姐们随意赏花、摘花之乐也受到了限制，大观园不再是将"红尘"屏蔽于墙外的世界，而是逐渐受到了利益关系的纷扰和制约。尤其是大观园单独开伙之后，厨房在给大观园带来世俗的烟火之气的同时，也带来了各种家长里短，和各房的私下之争。其二，原已住进大观园的人也被迫卷入了琐碎而不堪的利益纠葛之中。原来只知吟诗作乐的海棠诗社社主，如今也要计较"俗物"，协助理家了。诚然，探春理家对她个人来说也许不是一件坏事，但在宝玉的感受中，则意味着园外的世界与园内的世界已渐趋同调。而"投鼠忌器宝玉瞒赃"，更是印证了世俗生活对大观园的挤压。大观园的颓败已初露端倪，《红楼梦》的情调逐渐变得一派灰暗。

宝玉石头也

从某种角度讲，当宝玉还是石头时就是一个悲剧性的角色。《红楼梦》交代，女娲补天时，炼了三万六千五百零一块大石，她只用了三万六千五百块，单单剩下一块未用。"此石自经锻炼之后，灵性已通，自去自来，可大可小，因见众石俱得补天，独自己无才，不得入选，遂自怨自愧，日夜悲哀。"（第一回）这块石头即是宝玉的前身。无才补天，而遭遗弃，此一悲也。若只是寻常石头，无知无识倒也罢了，它偏又"灵性已通"，此二悲也。有意识、有感受能力是悲剧感产生的一个必要条件，而宝玉在这方面偏偏极有天赋。

人的成长是不可避免的事实。《红楼梦》这样描写宝玉的成长："谁想静中生动，忽一日，不自在起来，这也不好，那也不好，出来进去，只是发闷。园中那些女孩子，正是混沌世界天真烂熳之时，坐卧不避，嬉笑无心，那里知宝玉此时的心事？"（第二十三回）心灵的苏醒是令人眩晕的。似乎什么都没有变，但似乎什么都变了。其实未变的是外界，变了的是宝玉的内心。成长对一个人来说是件烦恼的事，对于宝玉来说更是悲剧，因为他将迫不得已地窥见时间中令人伤心的景况。

第二十八回，宝玉听到了林黛玉的葬花诗。"听到'侬今葬花人笑痴，他年葬侬知是谁？……一朝春尽红颜老，花落人亡两不知'等句，不觉恸倒山坡上，怀里兜的落花撒了一地。试想林黛玉的花颜月貌，将来亦到无可寻觅之时，宁不心碎肠断？既黛玉终归无可寻觅之时，推之于他人，如宝钗、香菱、袭人等，亦可到无可寻觅之时矣。宝钗等终归无可寻觅之时，则自己又安在呢？且自身尚不知何在何往，将来斯处、斯园、斯花、斯柳，又不知当属谁姓？——因此一而二，二而三，反复推求了去，真不知此时此际，如何解释这段悲伤！"这就是时间造成的悲剧。"天若有情天亦老。"时间是无情的，无论什么，最终都将在它的冲刷中了无痕迹。英雄豪杰与寻常人物，在其终点没有丝毫区别，因为他们都将成为"无"。

在《红楼梦》之前，已有许多作品揭示了时间的悲剧意味。最常见的是通过不同时间中事物的对比来传达悲剧意蕴。很早的如《诗经·小雅·采薇》，就有"昔我往矣，杨柳依依，今我来思，雨雪霏霏"的名句。不过，这种悲剧感虽然也是在时间中产生的，却不是直接由时间导致的。时间只是一个舞台，真正的导演乃是人事的变迁。这种悲剧感是可以消解的，如大团圆结局就具备这种功能。然而，时间直接作用于人而产生的"人生苦短"的悲剧感则是无法消解的。《古诗十九首》中的不少诗都是抒发这种感慨的："所遇无故物，焉得不速老？盛衰各有时，立身苦不早。人生非金石，岂能长寿考？奄忽随物化，荣名以为宝。"雄才大略如曹操也不免感叹"对酒当歌，人生几何？譬如朝露，去日苦多"。而张若虚《春江花月夜》、刘希夷《代悲白头翁》等诗更集中地表达了人在时间中的这种痛苦感受。对当下的人生有所追求眷恋，有所珍惜，而由于时间的流逝造成了"死"这一事件，人生便有了缺憾。人生的缺憾和人的不满足乃是其悲剧性产生的极重要原因。这种悲剧感是与人的存在同在的。

死在人生中是件极其重大的事。从对待死的不同态度可区分人们对人生的不同体悟。宝玉一再谈到他的死。他希望自己在大观园中的女孩们活着时死去，"再能够你们哭我的眼泪流成大河，把我的尸首漂起来，送到那鸦雀不到的幽僻之处，随风化了，自此再不托生为人"（第三十六回）。这还不算，他在另一处还说他死了要"化成飞灰，——飞灰还不好，灰还有形有迹，还有知识。——等我化成一股轻烟，风一吹便散"。连死都那么无形无迹。宝玉知道，时间会使一切变成"无"。

但宝玉对"死"的体验还不止这些。他最初期望在自己死后，大家都来哭他。然而龄官画蔷一事却使他更深一层地领悟到人生的悲剧性。初见龄官在地上连写几十个"蔷"字时，他心想："这女孩子一定有什么说不出的心事，才这么个样儿。外面他既是这个样儿，心里还不知怎么熬煎呢！看他的模样儿，这么单薄，心里那里还搁的住熬煎呢？——可恨我不能替你分些过来。"（第三十回）后来他发觉，龄官思念不已的是贾蔷。他由此深有感触地说："昨夜说你们的眼泪单葬我，这就错了。看来我竟不能全得。从此后，只好各人得各人的眼泪罢了。"（第三十六回）"死"这一极其重要的事件只对死者的亲友产生影响，而其他人依旧熙来攘往，欢乐的依旧欢乐。一个人的死亡对庞大的社会和陌生的人来说几乎是毫无声息的。这一悟击破了宝玉的幻梦，使他进一步体验到了人生的虚无，"自此深悟人生情缘，各有分定，只是每每暗伤，'不知将来葬我洒泪者为谁'"。

黛玉是会为宝玉之死洒泪的，然而这个人已先他而去，宝玉又如何能不感伤？茫茫宇宙间，哪里还有第二个黛玉？如雅兴《红楼梦研究》所说："贾宝玉是天生的哲学家，生下来就有他自己的人生观，一般不了解他的人，以为他是糊涂没目的，无事忙。其实他的人生观就是'爱'。得到了爱，就是幸福，得不到爱，就是苦痛，基于这种人生观，宝玉因此对于人生的富贵贫贱，尊卑际遇，毫不在意；而于心所爱的，即为之牺牲一切，亦所情愿。然而宝玉的爱，是纯洁的，不是污浊的；是天真的，不是矫揉的；是精神的，不是肉体的；是怡情的，不是泄欲的。他象征着人类中'情种'的典型。"

黛玉病故不是宝玉出家的唯一原因，无力解决人生问题是宝玉更大的痛苦所在。根据《红楼梦》的描写，宝玉不但生活于大观园中，他在现世的身份还使他与外界发生种种联系。他的视野中，除了女儿和爱情，还有其他诸多方面的社会内容。他陪父亲和宾客游览、吟诗，他见到各色人等。而且，作为荣国府的继承人，不管他愿意与否，社会必然将一种责任交付给他，即光宗耀祖。接受是一回事，承认又是一回事。面对感情与责任，宝玉束手无策，徒唤奈何，他只能在想象中"飘然"而去。

一个人只要和这个世界发生关系，就不可能没有任何作为就出家。他先要了结他的"尘缘"。《红楼梦》中的甄士隐，受一僧一道点化，早早便悟了道，但在小说最后，他也还要了结"一段俗缘"，即接引其女英莲。宝玉是如何结束他的社会角色的？

那天宝玉去参加科举考试。他向王夫人辞行，"走过来给王夫人跪下，满眼流泪，磕了三个头，说道：'母亲生我一世，我也无可答报。只有这一入场，用心作了文章，好好的中个举人出来，那时太太喜喜欢欢，便是儿子一辈子的事也完了，一辈子的不好，也都遮过去了。'"又走到宝钗跟前，"深深的作了一个揖"。最后他仰面大笑道："走了，走了！不用胡闹了！完了事了！"（第一百一十九回）参加完考试，宝玉没有再回贾府，却又特意在毗陵驿见了父亲贾政一面，倒身四拜。直到此时，那一僧一道才"夹住宝玉道：'俗缘已毕，还不快走？'说着，三个人飘然登岸而去"。

宝玉的选择真的如此"飘然"吗？

事实上一个人不可能以大智慧剑斩断一切尘丝。只要他处在社会关系中，那么他的离去必然会影响关心他的人。至少，宝玉的出家对于宝钗来说是一个悲剧。而且，这个悲剧正是宝玉造成的。解脱悲剧的行为却造成新的悲剧。从历史、现实的角度看，僧侣仍是社会的一分子，他们同样是人，只不过是一群特殊的试图借离家修炼来摆脱轮回的人。如此说来，佛家的人生之路，终点依然在这个"世界中"（in-the-world）。具体到宝玉来说，出家是他肉体生命的行为，他的归宿是返回石头原身。只有成为石头，才能真正做到不动心。"我所居兮，青埂之峰；我所游兮，鸿蒙太空。谁与我逝兮，吾谁与从？渺渺茫茫兮，归彼大荒！"（第一百二十回）但此情此景中的宝玉却必须面对这样的质询：他为什么要有一番入世经历？

现在可以回头看看《红楼梦》开头那个"作者"了。他感慨万端地告诉我们："今风尘碌碌，一事无成，忽念及当日所有之女子，一一细考较去，觉其行止见识皆出我之上，我堂堂须眉，诚不若彼裙钗。我实愧则有余，悔又无益，大无可如何之日也！当此日，欲将以往所赖天恩祖德，锦衣纨袴之时，饫甘餍肥之日，背父兄教育之恩，负师友规训之德，以致今日一技无成，半生潦倒之罪，编述一集，以告天下，知我之负罪固多，然闺阁中历历有人，万不可因我之不肖，自护己短，一并使其泯灭也。"这个"作者"，在某种意义上，就是那个"曾历过一番梦幻之后"的宝玉。他"飘然"吗？他斩断了一切尘丝吗？非也。在他深深怀念的"所有之女子"中，有黛玉，有晴雯，也有宝钗和袭人，还有湘云、探春、妙玉……

　　回归青埂峰的灵石记载了宝玉的人间经历，"又有一首偈云：无材可去补苍天，枉入红尘若许年；此系身前身后事，倩谁记去作奇传？"彻底的石头是不该留下任何文字的，甚至不该有灵性。但《红楼梦》中的石头，那上面不仅写着字，还要问一句"倩谁记去作奇传"。这表明石头还未彻底地不动心，它还未"破执"。无论道家还是佛家，归根结底都旨在破去这个执着。执着是一种生存状态，也是造成人生痛苦的重要原因之一。若与物而化，应物不累，人生的痛苦必然因之减轻。宝玉的"石头——人——石头"的历程，表明他一直纠结于"无材可去补苍天，枉入红尘若许年"的人生挫折。他偏爱庄禅，却依然未能超脱，最终只是伤心地发问："倩谁记去作奇传？"由此我们能得到什么启示呢？

宝玉挨打

宝玉挨打是《红楼梦》中的大事件之一。在宝玉挨打之前，《红楼梦》重点铺叙了三件事：第一件，金钏儿之死。宝玉跟王夫人的大丫鬟金钏儿调情，王夫人听见，照金钏儿的脸上打了个大嘴巴子，并当即把她撵了出去，金钏儿因含羞跳井身亡。贾环在向贾政告状时，添油加醋，将这件事说成是宝玉强奸金钏儿不遂，打了一顿，金钏儿赌气跳井。第二件，贾政命宝玉去会来访的贾雨村，宝玉竟"全无一点慷慨挥洒的谈吐，仍是委委琐琐的"。第三件，忠顺王府来索要做小旦的琪官。琪官即蒋玉函，宝玉与他亲近，并得到了他赠送的红汗巾子。这三件事凑在一块，使贾政对宝玉的积怒如山洪暴发，父子之间的冲突白热化了。

贾政与宝玉的冲突，关键在于人生取向的歧异。宝玉是贾府的希望所在。按照贾政所理解的正常的生活道路，宝玉当以道德文章、仕途经济为重，立身扬名；一句话，他应具备强烈的事业心和"慷慨挥洒"的风度。然而宝玉却钻在"情"中出不来，终日缠缠绵绵，"杂学旁收"，说些化烟化灰的荒唐话。宝玉的精神状态太萎靡，太灰暗——这是贾政的结论。贾政平昔也不时对宝玉教训一番，无奈"有众人护持"，尤其是老太太娇宠得紧，使贾政难以克尽父职。这一次，贾政再也按捺不住心中的愤怒了。与其"得上辱先人，下生逆子之罪"，不如狠心用"板子"来矫正宝玉，说不定还有些效果。他对那些"恳求夺劝"的门客说："你们问问他干的勾当，可饶不可饶！素日皆是你们这些人把他酿坏了，到这步田地，还来劝解！明日酿到他弑父弑君，你们才不劝不成？"这自然是贾政的愤激之词。但无疑地，贾政认为，宝玉既然年纪轻轻便"在外流荡优伶，表赠私物，在家荒疏学业，逼淫母婢"，他堕落为社会渣滓并非不可能的事情。贾政的望子成龙与宝玉的"不成器"形成巨大的反差，做父亲的终于忍无可忍，往死里打宝玉了。先是由小厮们"举起大板，打了十来下"，接着是"贾政还嫌打的轻，一脚踢开掌板的，自己夺过板子来，狠命的又打了十几下"；王夫人进来，贾政因怪她平日护着宝玉，不让他管教，越发恼怒，"火上浇油，那板子越下去的又狠又快"，把宝玉打得从腿到臀"或青或紫，或整或破，竟无一点好处"。

　　贾政真是要打死宝玉吗？或者说，他真的以毒打宝玉为快吗？这样看，就错了。他只有这么一个嫡出的儿子，爱子之心，也跟王夫人同样真切。在毒打宝玉之前，他已"喘吁吁直挺挺的坐在椅子上，满面泪痕"，不难见出其内心的痛苦。如果不是"恨铁不成钢"，如果不是对宝玉期望太殷，他又何至于下如此狠手？所以当王夫人大哭"我如今已五十岁的人了，只有这个孽障……"时，贾政"听了此话，不觉长叹一声，向椅上坐了，泪如雨下"；当王夫人和李纨"抽抽嗒嗒的"哭去世的贾珠时，"贾政听了，那泪更似走珠一般滚了下来"；后来"也就灰心自己不该下毒手打到如此地步"。这些文字，写出了贾政作为父亲的慈爱之情，赋予了这一形象以立体感和深度。

宝玉挨打，疾风暴雨，贾政与贾母等的矛盾陡然加剧，但最后他们达成了一致。贾政说："老太太也不必伤感，都是儿子一时性急，从此以后，再不打他了。"贾母说："儿子不好，原是要管的，不该打到这个分儿。"都承认了对方的合理性。

对于宝玉挨打，我们是该站在贾政一边，还是该站在宝玉一边，其实并不那么容易做出决断。从贾政这方面看，他试图以父亲的权威使宝玉回到读书上进的道路上来，贾母不反对，许多《红楼梦》的读者也表示同情。如吴宓《红楼梦新谈》所说：

　　　　夫以宝玉资质之美，境遇之丰，而优游堕废，家人溺爱纵容，仅有贾政一人，明通儒理，欲施以教诲，而贾母等多方庇护，使贾政意不得行。宝玉既不读书，又不习世务，顽石不获补天，实由教育缺乏之故。荀子曰："学不可以已。"语云："玉不琢，不成器。"于以见教育之要。（《民心周报》第一卷第十七期，1920 年 3 月 27 日版）

每个人在年幼的时候都可能有一个顽皮不听话的阶段，成长过程中表现出与读书上进不相符合的情况，是每个人都会经历的。"就是弄性，也是小孩子的常情，胡乱花费，这也是公子哥儿的常情，怕上学，也是小孩子的常情……"因而用棍棒来规范小孩子的行为，也就是情理之中的事。贾政对宝玉的管教，正是尽一个做父亲的责任。吴宓强调子女教育的必要性，他的这种议论，与贾政的想法倒是吻合的。

但宝玉就没有可取之处吗？同样是这个吴宓，他以为，换一个角度看，宝玉不仅有可取之处，而且当得起"悲剧诗人"的评价：

亚里士多德所作《诗论》（*Poetics*）为西国古今论文者之金科玉律，中谓悲剧中之主人（tragic hero），不必其才德甚为卓越，其遭祸也，非由罪恶，而由一时之错误，或天性中之缺陷；又其人必生贵家，席丰履厚，而有声于时云云。宝玉正合此资格。宝玉之习性，虽似奇特，然古今类此者颇不少，确在情理之中。约言之，宝玉乃一诗人也。凡诗人率皆（一）富于想象力（imagination），（二）感情深挚，（三）而其察人阅世，以美术上之道理为准则。凡具此者，皆宝玉也。

……

悼红轩主，善体此意，故有甄贾宝玉之设。甄宝玉者年长而失其诗情，世人大都如是。贾宝玉则不改其天性之初。书中虽多褒贬，而作者意实尊贾而抑甄。（《民心周刊》第一卷第十七期，1920年3月27日版）

吴宓以悲剧诗人视贾宝玉，这是一个睿智而深刻的见解。傅试家的两个嬷嬷所说的宝玉的呆气，其实就是诗人气质。"大雨淋的水鸡儿似的，他反告诉别人：'下雨了，快避雨去罢。'你说可笑不可笑？时常没人在跟前，就自哭自笑的；看见燕子就和燕子说话，河里看见了鱼就和鱼儿说话，见了星星月亮，他不是长吁短叹的，就是咕咕哝哝的。"而这正是一个诗人的特点。诗人感觉中的"万物有灵"不再是像原始人一样出于生存需要的自然崇拜，而是出于情感表达的需要。他们以情感物，自然界的草长莺飞、花开花落都带上诗人的感情。清代诗人袁枚说的"鸟啼花落，皆与神通"，就是这个意思。外界环境的任何一个细小的变化，都会在诗人的心里引起波动。一声鸟鸣，一片叶落，都会触动他们敏感的情弦。生活在大观园中的宝玉，无疑也属于这个行列。

宝玉身上的这种以情感物的诗人气质，使他将内心的情感倾注在大观园中的那一群女孩子身上。他发表了关于女儿与男子之间清浊迥异的"荒唐"议论。在他看来，只有女儿才是"钟灵毓秀"的宇宙的精华，才葆有未经斫伤的纯真的心灵。也是出于这种原因，他才会干下那些被视为"相貌好，里头糊涂，中看不中吃"的事来。他看到龄官用金簪在地上画字，他就随着簪子的起落，一直一笔一点一勾的数。不想天空忽然下起雨来，他只想到人家身子单薄禁不得骤雨一激，只顾提醒龄官身上湿了，不用写了，却没有想到自己正淋着雨，浑身冰凉也没有感觉到。他达到了一种"忘我"的境界。

人是最富有感觉能力的存在。按照北宋程颢等人对"仁"的理解，对人的感受性的深沉关注是"仁"的核心层面，以人的感受去体验万事万物（尤其是他人），将这种感受性充分扩展，也就是人性的充分进化。比如，对他人的不幸给予同情无疑比对责任感、社会义务和家庭事务的关心更为重要，更令人意识到人性的美好。人类审美能力的进化也是这种感受性得到发展发挥的结果。从这个角度看，理性和感受

四大名著应该这样读

性同是人类不可缺少的两种素质。宝玉较多感受性而较少理性，这使他不无缺陷，但毫无疑问是一个值得尊重的人物。

《红楼梦》关于甄宝玉和贾宝玉的设计，其深意也可以从这一角度加以认识。《红楼梦》写了甄宝玉，说明作者并非不明了理性的重要性。然而小说自始至终以贾宝玉为中心，则表明作者更倾向于感受性。曹雪芹的卓越感受能力和表达感受的能力，使《红楼梦》成为一部诗与热情所结合成的经典。

"阆苑仙葩"

　　《红楼梦曲》曾以宝玉的口气称黛玉为"阆苑仙葩"，"阆苑"，其实就是指大观园。

　　大观园作为青年人的乐园，充满了罗曼蒂克的气息。住在大观园里的女孩子都当得起诗人的称号，他们还各自取了别号，如黛玉叫潇湘妃子，宝钗叫蘅芜君，宝玉叫怡红公子，湘云叫枕霞旧友，探春叫蕉下客，李纨叫稻香老农。他们结了海棠社、桃花社，举办了多次诗会，创作了为数可观的诗作；黛玉的"冷月葬诗魂"更是令人神骨俱清的诗句。作为园中唯一的男性，宝玉也是能写诗的，虽然在历次诗会中他从来没有夺魁。大观园是从中国古典诗的意境中延伸出来的一个空间，一个以非功利的审美为基调的空间。

　　《红楼梦》第二十三回，"《西厢记》妙词通戏语，《牡丹亭》艳曲警芳心"，写宝玉读《西厢记》而专注于"落红成阵"的意象，此中大有深意。当这个《西厢记》中的意象呈现在宝玉想象中时，大自然也以其"落红成阵"的景象与之呼应。为了突出这个景象，《红楼梦》不仅写了宝玉因为怕桃花被人践踏，而将花瓣"抖在池内"，让"那花瓣儿浮在水面，飘飘荡荡，竟流出沁芳闸去"的细节，还设计了黛玉葬花的场景：

> 回来只见地下还有许多花瓣，宝玉正踟蹰间，只听背后有人说道："你在这里做什么？"宝玉一回头，却是黛玉来了：肩上担着花锄，花锄上挂着纱囊，手内拿着花帚。宝玉笑道："来的正好，你把这些花瓣儿都扫起来，撂在那水里去罢。我才撂了好些在那里了。"黛玉道："撂在水里不好，你看这里的水干净，只一流出去，有人家的地方儿什么没有？仍旧把花遭塌了。那畸角儿上我有一个花冢，如今把他扫了，装在这绢袋里，埋在那里；日久随土化了，岂不干净。"

这个细节中的"花"，是带有某种象征或隐喻意味的。宝玉惜花，令人想起他对女孩子们的种种体贴、呵护；而黛玉葬花，则令人想起她短暂美丽的青春，想起她"质本洁来还洁去"的志趣。她的《葬花吟》就是为配合这种象征意味而设计的。唯因落花是凋谢的生命与青春的象征，故宝玉听了《葬花吟》，才会"恸倒山坡上，怀里兜的落花撒了一地"。（第二十八回）《红楼梦》行文至此，将"落红成阵"的诗意酣畅淋漓地渲染了出来。

黛玉率真的性格因大观园这种诗意的氛围而与世俗的"小家子气"大为不同，但在他人看来则是"尖酸刻薄"。湘云眼里的黛玉是："他再不放人一点儿，专会挑人"；"爱使小性子，行动爱恼人"。（第二十回）宝钗眼里的黛玉是："素多猜忌，好弄小性儿。"（第二十七回）连素日疼爱黛玉的贾母也说："林丫头一来二去的大了，他这个身子也要紧。我看那孩子太是个心细。"（第八十三回）"林丫头的乖僻，虽也是他的好处，我的心里不把林丫头配他，也是为这点子；况且林丫头这样虚弱，恐不是有寿的。只有宝丫头最妥。"（第九十回）一个性情孤傲、从不去迎合别人的人，是不可能得到众人好感的。

黛玉在贾府的处境因而不免逼蹙，她常常有一种无处倾诉的强烈的忧郁和孤独感。第二十六回，黛玉因晴雯的一句气话便又思忖起自己的身世处境来，"越想越伤感起来，也不顾苍苔露冷，花径风寒，独立墙角边花阴之下，悲悲戚戚，呜咽起来"。不仅这心思，就连这哭声亦非常人所有，"那附近柳枝花朵上的宿鸟栖鸦一闻此声，俱忒楞楞飞起远避，不忍再听"。这般情景在黛玉那里再常见不过了，"埋香冢飞燕泣残红"，"风雨夕闷制风雨词"，所传达的永远是一

种与孤独感相伴随的凄美与悲凉。正如黛玉的《咏菊》诗所说："满纸自怜题素怨，片言谁解诉秋心。"（第三十八回）

与宝玉的爱情几乎就是黛玉生活的全部，她的还泪故事因而有了震撼人心的力量。她的前身是"西方灵河岸上三生石畔"的一棵绛珠仙草，曾受神瑛侍者（宝玉的前身）的甘露灌溉之恩。常说："自己受了他雨露之惠，我并无此水可还。他若下世为人，我也同去走一遭，但把我一生所有的眼泪还他，也还得过了。"（第一回）这则凄美的"还泪神话"，确定了黛玉最终因情而死的悲剧结局。正如宝玉在神游太虚幻境时听到的第三首曲子《枉凝眉》所说："想眼中能有多少泪珠儿，怎禁得秋流到冬，春流到夏！"第四十九回黛玉拭泪对宝玉说："近来我只觉心酸，眼泪却像比旧年少了些的。心里只管酸痛，眼泪却不多。"可以这样说，一旦爱情的幻梦破灭，黛玉就失去了生活的依据，绛珠仙草的人间生活也走到尽头了。所谓"眼泪流尽"，对应的是爱情之梦的破灭。

"天尽头，何处有香丘？"黛玉与宝玉的知己之爱升华了大观园的诗意，却也加深了他们与世俗之间的裂痕。贾府为宝玉选择的媳妇是宝钗。黛玉在无意中得知了这一消息，她的心死了。紫鹃提醒她该回家休息了，"可不是！我这就是回去的时候儿了。"黛玉说着，回身"笑"着出来了。她"笑"着走向潇湘馆，快到门口了，突然"身子往前一栽，哇的一声，一口血直吐出来"。（第九十六回）贾母来看她，黛玉说："老太太，你白疼了我了！""微微一笑，把眼又闭上了。"（第九十七回）临死之际，黛玉牵挂的人是宝玉，她说的最后一句话是："宝玉，宝玉，你好……"（第九十八回）就这样，黛玉走完了她短暂的人生，"苦绛珠魂归离恨天"了。

红颜薄命是个永恒的主题。青春与生命的短暂，芳时难留，烟景不再，任何一次美的零落都会触发难言的愁恨。黛玉在《红楼梦》中就是红颜薄命的一个典型。她的早逝令无数读者不胜其悲，惋惜她不能如《牡丹亭》中的杜丽娘那样在牡丹亭畔重生。也许并非偶合，《红楼梦》第二十三回在写了"《西厢记》妙词通戏语"之后，还写了"《牡丹亭》艳曲警芳心"，梨香院十二个女孩子演习戏文，黛玉曾偶然听到《牡丹亭》中的几句：

"原来是姹紫嫣红开遍，似这般，都付与断井颓垣。""良辰美景奈何天，赏心乐事谁家院。"不觉点头自叹，心下自思："原来戏上也有好文章，可惜世人只知看戏，未必能领略其中的趣味。"

再听时，恰唱到："只为你如花美眷，似水流年。"黛玉听了这两句，不觉心动神摇。又听道"你在幽闺自怜"等句，越发如醉如痴，站立不住，便一蹲身坐在一块山子石上，细嚼"如花美眷，似水流年"八个字的滋味。忽又想起前日见古人诗中，有"水流花谢两无情"之句；再词中又有"流水落花春去也，天上人间"之句；又兼方才所见《西厢记》中"花落水流红，闲愁万种"之句：都一时想起来，凑聚在一处。仔细忖度，不觉心痛神驰，眼中落泪。

无论是"水流花谢两无情"，还是"流水落花春去也"，或是"花落水流红"，其中的"落花"都或隐或显地喻示了青春的消逝、生命的凋谢。鲍照曾在《芜城赋》结尾感慨：千秋万代，古往今来，人皆有死，尚复何言。对于一颗敏感的心灵，青春的消逝、生命的凋谢是足以激发悲怆之情的。这就是黛玉之死带给读者的感受。

黛玉是一个超越世俗的生命，摆脱了世俗的"贤淑"，达到了比"贤淑"更为纯厚的境界。据此，若干《红楼梦》评论者断定，率性而行的"无肠"的黛玉，其人生境界高于"外静而内明，平素服冷香丸，觉其人亦冷而香"的处处照淑女标准行事的宝钗。朱作霖《红楼文库》说："虽得妇如钗，实无遗憾，然如钗者人得而妻之，如黛者人固不得而妻之也。不得而妻，而黛玉于是远矣。"涂瀛《红楼梦论赞》卷三也说："或问：'子之处宝钗也如何？'曰：'妻之。'……'处黛玉也将如何？'曰：'仙之。'"许叶芬《红楼梦辨》

则说："黛玉近于薄，薄也而实厚；宝钗似乎厚，厚也而实薄。"他们的措辞不同，而指向是一致的：摆脱了世俗理念的束缚，生命可以臻于超世拔俗的高度。

"任是无情也动人"

在《红楼梦》中，宝钗大约是最有争议的一个人物。喜欢她的，说她端庄持重、步履安详，是传统社会中标准的淑女；讨厌她的，说她矫饰奸诈，蓄意破坏宝、黛爱情，处心积虑地篡取宝二奶奶的地位，甚至比王熙凤更加可恶。认识之所以有如此巨大的差异，与宝钗形象本身的丰富性有关。

宝钗是生活的有心人，尤其是对于贾母等人的喜好，她都一一记在心里。我们不能说她有什么直接的企图，但尽量使贾母等人开心，却无疑是她所留意的。例如，宝钗过生日，贾母给她捐了二十两银子，透露出贾母对她的喜欢。贾母问她爱听什么戏，爱吃什么东西，宝钗就把贾母平日喜欢的热闹的戏文、甜烂的东西说了一遍。宝玉说她没有品位，只喜欢热闹戏，宝钗就搬出一套堂而皇之的理由，说得宝玉口服心服。又如，第三十二回，宝钗听说金钏儿投井自杀，连忙赶到王夫人那里。王夫人正感到罪过，宝钗宽慰她，说她是慈善人，金钏儿是失足掉下井的，即使金钏儿气性大，也不过是个糊涂人，不为可惜。这番话对于安慰王夫人当然是有效的。经她这么一说，好像事情真与王夫人无关。但宝钗这些话在赢得王夫人好感的同时，也会引发读者的疑虑：这究竟是涵养好呢，还是心肠冷呢？

宝钗帮史湘云请客做东开诗社，办螃蟹宴，既表现了她对湘云的无微不至的体贴，也显示了她的经济头脑和办事能力。而尤能显示其高超生活技术的是她和探春、李纨共同管理大观园。探春决定将大观园里的花果生产承包给几个婆子掌管，宝钗提出调剂分配的主张：凡是管理花果所得的收入，除了供应些头油脂粉香纸以外，其他盈余的不必交到账房，可留作经管人一年辛苦的补贴；同时也分一些给园里其他的婆子媳妇们。这样，公家省了钱，也不觉得艰啬；其他未经手的人也得到了好处，不会抱怨或暗中破坏。于是皆大欢喜，众人感服。宝钗怕下人认为她喜欢管事，就说了一大堆不得已之处。"小惠全大体"，难怪曹雪芹用"贤"来做"宝钗"的定语了。

在经过了几轮大大小小的事件之后，无论是在贾府的领导层那里，还是在下人们的眼里，宝钗都留下了贤德兼备的好印象。王熙凤虽然凭借高明的手段获得了权力与地位，但她过于外露，"机关算尽"，威重而德薄，最终遭到贾府上下的怨恨；而宝钗显然要比凤姐做得好。作为外来寄居的亲戚，宝钗因为"行为豁达，随分从时"而深得众人之心。这是宝钗的过人之处。

一些读者把宝钗、黛玉视为对头，断言宝钗努力获得贾母、王夫人等人的好感，是刻意与黛玉竞争宝二奶奶的位置。冯家昚《红楼小品》言辞激烈地抨击道："宝钗其奸雄之毒者乎！其于颦卿，则教之怜之，推情格外，以固结之。诚知与贾母之亲则不若黛玉，与宝玉之密又不若黛玉，惟故作雍容和厚之度，以邀时誉，而后谋成志遂，使颦卿死而不恨，吁，可畏哉！"许叶芬《红楼梦辨》亦云："宝玉论婚，读《红楼梦》者，金归咎于凤姐之赞成，王夫人之偏爱，而不知实贾母力主之，宝钗自致之也。黛玉非无家者，贾母接之于如海生时，爱之与宝玉等，此中原有深意。宝钗后至，虽有母而不能自媒，计惟有极力自炫，浸使贾母爱黛玉之心移之于己，斯不患锦标飞去矣，故处处力反黛玉之所为。黛玉尖颖，宝钗则浑厚；黛玉清高，宝钗则和同；黛玉多愁善病，宝钗则长乐永康。匪直此也，宝钗之于贾府，不过亲戚往来已耳，而曲曲折折，仰体俯窥，虽属寄居，俨如作妇。金钏死，宝钗情愿以己新制衣服为殓，此探春姊妹所不能者，而宝钗能之。配药需用人参，此尤氏、凤姐所不能者，而宝钗能之。原书称宝钗于日间于贾母、王夫人处，承色陪座，王夫人以事外出，会凤姐病，宝钗昼则理事，夜则巡园，此并宝玉所不能者，而宝钗亦能之。书中又称宝钗于女工常至夜半，此两府妇女所均不能者，而宝钗独能之。人家择妇，德言容工而已，宝钗所为，全乎否耶？观于贾母之言曰：'最好是宝丫头。'绝非当面奉承姨妈，千真万真，盖已心许久矣。熙凤之赞成，要是仰体圣意耳。"经过这样的解释，宝钗就不仅不是一个淑女，而且比那些公然做坏事的家伙更坏，因为她的所有善行背后，都隐藏着不可告人的动机。

冯家昪等人的看法不免偏激了些。庚辰本《脂砚斋重评石头记》第四十二回回前批语说：

> 钗、玉名虽二个，人只一身，此幻笔也。今书至三十八回时已过三分之一有余，故写是回，使二人合而为一。请看黛玉逝后宝钗之文字，便知余言不谬矣。

第四十二回是钗、黛关系融洽的开始，此后《红楼梦》还反复渲染过她们姊妹般的倾肝沥胆的信任。比如第五十八回：

> 贾母又千叮咛万嘱咐托他（薛姨妈）照管黛玉，自己（薛姨妈）素性也最怜爱他，今既巧遇这事，便挪至潇湘馆和黛玉同房，一应药饵饮食，十分经心。黛玉感激不尽，以后便亦如宝钗之称呼，——连宝

钗前亦直以"姐姐"呼之，宝琴前直以"妹妹"呼
之：俨似同胞共出，较诸人更似亲切。

这类文字既写出了黛玉的纯真，也见得宝钗的确厚道温
柔，不仅贾母、王夫人喜欢她，周围下人敬重她，连黛玉也
真心地爱戴她。《红楼梦》两次借黛玉的口说宝钗并非"心
里藏奸"，即意在表明，她对黛玉确有真实的情谊。

犀脊山樵《红楼梦补序》说："余在京师时，尝见过《红
楼梦》元本，止于八十回，叙至金玉联姻，黛玉谢世而止。
今世所传一百二十回之文，不知谁何伧父续成者也。原书金
玉联姻，非出自贾母、王夫人之意，盖奉元妃之命，宝玉无
可如何而就之，黛玉因此抑郁而死，亦未有以钗冒黛之说，
不知伧父何故强为此如鬼如蜮之事，此真别有肺肠，令人见
之欲呕。"他称补改者为"谁何伧父"，口气或许重了一些；
但他指出后四十回没有"以钗冒黛"的情节，也许并非捏造。
是否做了冒黛玉之名与宝玉成婚的事，对读者来说，正是衡
量宝钗是否处心积虑与黛玉竞争的一个重要事实。

反感宝钗的人经常举的一条强有力的证据是，宝钗扑蝶
时曾有意"诬陷"黛玉。

饯花神的日子，宝钗去潇湘馆叫黛玉玩，不想远远看见
宝玉进去了，她考虑到会给宝玉带来不便，又怕引起黛玉的
猜疑，就往回走。忽然看见面前一双玉色蝴蝶，想扑了来玩

要。追着追着，不觉来到了池边的滴翠亭上，无意中听到小红和坠儿在谈论私情话，涉及"奸淫狗盗的勾当"。精明的小红怕"隔墙有耳"，说要把槅子打开。宝钗料到躲不过去，便使了一个"金蝉脱壳"的法子，故意放重脚步，假装追赶黛玉。看见小红和坠儿，又故意问她们把黛玉藏在哪里了。还说："我才在河那边看着林姑娘在这里蹲着弄水儿呢。我要悄悄的唬他一跳，还没有走到跟前，他倒看见我了，朝东一绕，就不见了。——别是藏在里头了？"一面说一面故意进去找了找，临走还补上一句："一定又钻在山子洞里去了。遇见蛇，咬一口也罢了！"心里暗自得意这件事总算遮掩过去了。

有人认为，宝钗去找黛玉，那时黛玉正占据着她的意识，自然是脱口而出，并非有意嫁祸。这当然有为宝钗开脱的意思，却并没有说宝钗这样做是对的。而否定宝钗的人则旗帜鲜明地说宝钗意在嫁祸他人，用心多么歹毒，城府多么深严，心机多么细密，演戏的技巧多么高超，总之，一切都是阴险的表现。宝钗在《红楼梦》中难得青春了这么一回，结果却成了她人生中最大的"污点"。

事实上，任何人都不可能没有弱点，没有缺陷。《红楼梦》写宝钗也并不回避她的瑕疵，因而用"冷"与"无情"来评价她。一句诗："任是无情也动人"；一个细节：冷香丸；其中包含的意蕴是非常丰富的。二知道人的《红楼梦说梦》概括道："宝钗外静而内明，平素服冷香丸，觉其人亦冷而香耳。"《红楼梦》第四回说宝钗"自父亲死后，见哥哥不能安慰母心，他便不以书字为念，只留心针黹家计等事，好为母亲分忧代劳"。第六十四回，宝钗对黛玉说："自古道'女子无才便是德'，总以贞静为主，女工还是第二件。其余诗词，不过是闺中游戏，原可以会，可以不会。咱们这样人家的姑娘，倒不要这些才华的名誉。"宝钗努力做一个淑女，也配得上淑女这个名号，但她的涵养还没有达到自然而然的境界。

是真名士自风流

　　湘云是金陵十二钗中写得特别富于生气的一位，也是特别逗人喜爱的一位。《红楼梦》第五回那支关于湘云的《红楼梦曲·乐中悲》是这样给她定调的：

　　　　襁褓中，父母叹双亡。纵居那绮罗丛，谁知娇养？幸生来，英豪阔大宽宏量，从未将儿女私情，略萦心上。好一似，霁月光风耀玉堂。厮配得才貌仙郎，博得个地久天长，准折得幼年时坎坷形状。终久是云散高唐，水涸湘江。这是尘寰中消长数应当，何必枉悲伤？

　　这支曲子可视为湘云对自己命运的自诉、自叹、自解。与大观园中其他女孩相比，湘云的身世更为坎坷。她自幼父母双亡，和黛玉一样，过着寄人篱下的生活。不同的是，黛玉住在大观园中，深得外祖母的疼爱，日用起居都能得到好的照料。而湘云依附于叔父忠靖侯史鼎家中，婶母待她不好，湘云"在家里一点儿做不得主。他们家嫌费用大，竟不用那些针线上的人，差不多儿的东西都是他们娘儿们动手"。（第三十二回）偶尔来大观园住一段时间，几乎是湘云少女时代全部的快乐时光。这些情形，湘云从来不对外人讲，只是零零星星向宝钗透露过一点，也是"含含糊糊待说不说"。成年后，似乎苦尽甘来，"厮配得才貌仙郎"，然而终究是"云散高唐，水涸湘江"，"地久天长"不过是一种美好的愿望罢了。湘云的判词只用简短的四句话概括了她的一生："富贵又何为？襁褓之间父母违。展眼吊斜晖，湘江水逝楚云飞。"比较起来，曲子的内容更丰富一些，它不但透露了更多湘云婚后生活的信息，更重要的是向我们展示了湘云丰富的内心世界。

在《红楼梦》的读者群中，或许有的人不喜欢黛玉的爱耍小性儿，有的人不喜欢宝钗的老于世故，但绝少有人不喜欢湘云。也难怪，湘云给人的感觉，总是那么娇憨直率、活泼开朗，一派光风霁月。

湘云心直口快。宝钗曾经说她："说你没心却有心。虽然有心，到底嘴太直了。"（第四十九回）在这一点上，她与宝钗是两个极端。宝钗说话，深思熟虑，从来不轻易开口；而湘云则有口无心，毫无遮拦。宝钗过生日，晚上演完戏之后，贾母因为喜欢演小旦和小丑的两个小孩，令人带进来另给些赏钱。这时候，一向擅长在生活中寻找笑料的凤姐发现："这个孩子扮上活像一个人，你们再瞧不出来。"这当然是故意引别人说出来。宝钗的反应是：心内也知道，却点头不说；宝玉的反应是：也点了点头儿不敢说；显然都对黛玉的"小性子"有所顾忌。但湘云却没有考虑这么多，当即接口说道："我知道，是像林姐姐的模样儿。"湘云压根儿没有想到这会伤了黛玉的自尊。

"好一似，霁月光风耀玉堂"，是从第三者的角度，对湘云做出的评价。而湘云本人，则有"是真名士自风流"的说法。湘云的名士气，丰富了《红楼梦》的色调和内涵。

湘云来贾府，多次住在潇湘馆。一次，《红楼梦》从宝玉的视角，对黛玉和湘云的睡姿做了一番比较。黛玉睡觉，严严实实地裹着一幅杏子红绫被，安稳合目而睡。湘云睡觉，一把青丝，拖于枕畔；一幅桃红绸被，只齐胸盖着，衬着那一弯雪白的膀子，撂在被外。连睡觉也是豪放的，因此宝玉说湘云"睡觉还是不老实"。

湘云曾两次女扮男装。第三十一回，湘云再次来到贾府，宝钗回忆说："可记得旧年三四月里，他在这里住着，把宝兄弟的袍子穿上，靴子也穿上，带子也系上，猛一瞧，活脱儿就像是宝兄弟——就是多两个坠子。他站在那椅子后头，哄的老太太只是叫：'宝玉，你过来，仔细那上头挂的灯穗子招下灰来，迷了眼。'他只是笑，也不过去。后来大家忍不住笑了，老太太才笑了，还说：'扮作小子样儿，更好看了。'"黛玉接着还补充了湘云的另外一件轶事：穿贾母的衣服堆雪人，不小心一跤摔倒了，弄了一身泥。宝钗和黛玉叙述这两件事，都用了津津乐道的口气。湘云的促狭、"淘气"和豪放，是她特别的可爱之处。

《红楼梦》在"琉璃世界白雪红梅"与"芦雪庭争联即景诗"这两个诗意的场景之间，兴高采烈地铺叙了湘云"割腥啖膻"的情节。戚蓼生序本回后脂批说："一片含梅咀雪文字，偏从雉肉鹿肉鹌鹑肉上以煊（渲）染之，点成异样笔墨，较之雪吟雪赋诸作，更觉幽秀。"评作者有意将湘云"烧鹿大嚼"的情节置于赏雪做诗的背景下加以表现，其腾挪功夫，真是不可测度。

吃鹿肉一事是湘云闹起来的。大观园中来了李纹、李绮、薛宝琴、邢岫烟等人，乐得探春对宝玉说："咱们的诗社可兴旺了。"只是《红楼梦》这一次却没有直接写他们做诗的情形，而是笔锋一转，写出一番别样的情调。吃饭的时候，湘云一听说有新鲜的鹿肉，就与宝玉商议："不如咱们要一块，自己拿了园里弄着，又吃又玩。"这样的主意只有脱略形迹的湘云才想得出来。她虽然是"吃""玩"并提，其实"吃"是次要的，"玩"才是主旨。"玩"出情趣，"玩"出飘逸，"玩"出放浪形骸的魏晋风度，"玩"出倜傥潇洒的名士气派。所以，湘云一面吃鹿肉，一面豪迈地宣称："我吃这个方爱吃酒，吃了酒才有诗。若不是这块鹿肉，今儿断不能做诗。""腌臜"的鹿肉竟然与清丽脱俗的诗并提，这是黛玉、宝琴等人所不能理解的。黛玉说："那里找这一群花子去！罢了，罢了！今日芦雪庭遭劫，生生被云丫头作践了。我为芦雪庭一大哭。"而湘云的回答却是："你们都是假清高，最可厌的。我们这会子腥的膻的大吃大嚼，回来却是锦心绣口。"多么恢宏豪宕！无论在人生中，还是在艺术中，这都是值得向往的情调。

湘云的"英豪阔大"，在宝玉生日那天又一次体现了出来（第六十二回）。这一次因为王夫人外出有事，恰好又是宝玉、宝琴、平儿、岫烟四人的生日，众人就在大观园芍药栏中红香圃三间小敞厅内摆下筵席，为宝玉等人庆祝生日。没有了王夫人、贾母等人的参加，气氛显得尤为热烈，"呼三喝四，喊七叫八，满厅中红飞翠舞，玉动珠摇，真是十分热闹"。如此场面，素来豪爽的湘云自然是要开怀畅饮的。当一个小丫头笑嘻嘻地来说"云姑娘吃醉了，图凉快，在山子后头一块青石板磴上睡着了"的时候，《红楼梦》从众人的眼睛，向我们展示了一幅"香梦沉酣""红香散乱"的春睡图：

都走来看时，果见湘云卧于山石僻处一个石磴子上，业经香梦沉酣，四面芍药花飞了一身，满头脸衣襟上皆是红香散乱。手中的扇子在地下，也半被落花埋了，一群蜜蜂蝴蝶闹嚷嚷的围着。又用鲛帕包了一包芍药花瓣枕着。众人看了，又是爱，又是笑，忙上来推唤挽扶。湘云口内犹作睡语说酒令，嘟嘟嚷嚷说："泉香酒洌……醉扶归——宜会亲友。"

醉眠花丛、香梦沉酣的只能是湘云，不是也不可能是黛玉或者宝钗。性情忧郁的黛玉只会伤春悲秋，葬花埋香，写《葬花词》；举止娴雅、品格端方的宝钗做事总是中规中矩，不可能有醉卧石磴这样"失礼"的举止。只有湘云，才能如此豪放不羁，洒脱风流。她在睡梦中还在嘟嚷的那句酒令——"泉香酒洌……醉扶归——宜会亲友"，正是她旷达心胸的写照。这梦是湘云的梦，这意境是湘云的意境。在我们欣赏到这样一幅美丽图画的同时，也体会到了"是真名士自风流"的魅力。

"湘云醉卧"令人想起"雪夜访戴"的掌故。据《世说新语·任诞》记载：王子猷住在山阴，一天夜里突降大雪，他从睡梦中醒来，开门叫拿酒来喝。举目四望，一派洁白，相互映发。不由得起身徘徊，吟诵左思的《招隐》诗，蓦然想起戴安道来。戴远在剡溪，子猷当即坐小船前去寻访。船行一夜方到达剡溪，他却未进戴门，又掉转船头回到山阴。人问其中的缘故，他说："我本乘兴而来，兴致没了就回去。

何必一定要见老戴呢？"清人袁枚曾在《随园诗话》卷九引王西庄的话说："所谓诗人者，非必能吟诗也。果能胸境超脱，相对温雅，虽一字不识，真诗人矣。如其胸境龌龊，相对尘俗，虽终日咬文嚼字，连篇累牍，乃非诗人矣。"以这样的标准来衡量，王子猷是诗人（尽管他仅以书法家为后世所知），湘云也是当仁不让的诗人。"莺花日办三春课，风月天生一种人。"诗是远于尘俗的。

　　说到湘云的后半生，"厮配得才貌仙郎"，归宿还是不错的。"才貌仙郎"是不是宝玉？《红楼梦》第三十一回，湘云在蔷薇架下拾到一只金麒麟，这只麒麟是宝玉丢失的，恰好与湘云身上所佩戴的金麒麟是一对。这不禁令我们揣测：湘云作为《红楼梦》中仅次于黛玉、宝钗的第三号女主角，和宝玉有没有感情瓜葛呢？湘云说话有些咬舌，在叫宝玉"二哥哥"时，便叫成了"爱"哥哥，第二十回，黛玉曾拿她的咬舌打趣。第三十一回，袭人说湘云经常熬夜为宝玉做一些针线活计，而宝玉不明就里，竟当成寻常用品一样处置，伤了湘云的心。这些细节暗示：湘云对宝玉是怀有好感的，只是她不曾明白地表露出来，而是将这份情愫深藏心底。"从未将儿女私情，略萦心上"，并不是说湘云的心中完全没有儿女私情，而是说湘云拿得起，放得下。"云散高唐，水涸湘江"两句，包含了"湘云"二字。此句之前，冠以"终久是"三字，与判词中的"斜晖"二字，以及第三十一回回目"因麒麟伏白首双星"中的"白首"二字，都说明湘云一直活到晚年，成为大观园众多女儿不幸命运的见证人。

凤姐也有可爱之处

王熙凤是《红楼梦》中少数可以操控生活的强势人物之一。"毒设相思局""逼死尤二姐"两个情节，尤为充分展现了王熙凤的心机和毒辣。

如果说贾瑞的死还算咎由自取，那么尤二姐的死则是王熙凤一手造成的。贾琏偷娶尤二姐，王熙凤得知讯息，立即审问贾琏的心腹小厮兴儿，获得真相，她反而"笑一笑"。就在这一笑中，一个"逼人自杀"的计划开始酝酿。趁贾琏到外地出差的机会，王熙凤把尤二姐孤立起来，她不惜屈身到尤二姐住的地方去，又是笑，又是哭，说了一大堆"掏肝掏肺、自怨自错"的话，把尤二姐骗进了大观园。接着暗派旺儿送银子给尤二姐以前的未婚夫张华，让他告贾琏国孝家孝当头，背旨瞒亲，仗财倚势，强逼退亲，停妻再娶；又暗中使人送银子给察院，以免把事情闹大。然后王熙凤大闹宁国府，又哭又骂，敲诈了五百两银子。最后凤姐唆使一班丫鬟媳妇，对尤二姐指桑骂槐，暗相讥刺，她自己表面上则装作和尤二姐"和美非常，竟比姊妹还胜几倍"；这时，贾琏因办事得力，被贾赦赏了一个丫鬟秋桐作妾，王熙凤"借刀杀人"，挑起秋桐与尤二姐之间的争斗；结果尤二姐一病不起，又碰上庸医胡君荣乱用虎狼药，加上秋桐的百般辱骂，尤二姐最终"吞金自杀"。在整个过程中，王熙凤始终扮演着"贤良人"的角色，她"嘴甜心苦"，"明里一盆火，暗里一把刀"，其狠毒心肠和狡诈手段令读者感到恐惧和厌恶。

在残忍狠毒、严厉苛刻之外，王熙凤也有她可爱的一面。这主要反映在她的口齿伶俐、精明能干，尤其是与大观园那些妯娌姐妹的相处中。

王熙凤是《红楼梦》中最会说话的人，客套话、奉承话、骂人话、谎话，没有一样她不擅长。王熙凤曾当着贾母的面夸奖刚来贾府的黛玉："天下真有这样标致人儿！我今日才算看见了！况且这通身的气派竟不像老祖宗的外孙女儿，竟是嫡亲的孙女儿似的，怨不得老祖宗天天嘴里心里放不下——只可怜我这妹妹这么命苦，怎么姑妈偏就去世了呢！"说着，眼泪就流了出来。（第三回）这段话既凸显了黛玉的容貌之美，又把"老祖宗"贾母惦记黛玉的事向众人说了出来，还顺便对黛玉母亲的去世表达了哀痛之情，当然会讨得贾母这位贾府最高家长的欢心。有一次，贾母说她小时候鬓角被木钉弄破了指头顶儿大的一个坑儿，凤姐不等别人开口，抢先笑道："那时要活不得，如今这么大福可叫谁享呢？可知老祖宗从小儿福寿就不小：神差鬼使，硼出那个坑儿来，好盛福寿啊！寿星老儿头上原是个坑儿，因为万福万寿盛满了，所以倒凸出些来了。"这次让大家都"笑软了"。贾母也笑道："明儿叫你日夜跟着我，我倒常笑笑觉的开心，不许回家去。"（第三十八回）

王熙凤之所以成为贾府中的管家奶奶，当然不是靠一味地在贾母面前承欢讨好，而是确有管家理事的才能。王夫人的陪房周瑞家的说她："年纪儿虽小，行事儿却比世人都大呢。如今出挑的美人儿似的，少说着只怕有一万个心眼子，再要赌口齿，十个会说的男人也说不过他呢！"（第六回）和她从小一起长大的贾珍也说她："从小儿大妹妹玩笑时就有杀伐决断，如今出了阁，在那府里办事，越发历练老成了。"（第十三回）协理宁国府秦可卿之丧，王熙凤的才干得到了充分的展示。她上任伊始，就指出宁国府的五大症状：一是人口混杂，遗失东西；二是事无专管，临期推诿；三是需用过费，滥支冒领；四是任无大小，苦乐不均；五是家人豪纵，有脸者不能服钤束，无脸者不能上进。她对症下药，进行整顿：首先是分班管事，职责分明；其次严加考核，不容混冒；第三赏罚严明，树立威信。果然是威重令行，宁国府立即换了一副面貌：众人都有了投奔，不似先时只拣便宜的做，剩下苦差没个招揽；各房中也不再趁乱迷失东西；便是人来客往，也都安静了，不比先前紊乱无头绪。让王熙凤来管理荣国府，并不是没有缘由的。

大观园众姐妹成立诗社，去找凤姐做"监社御史"，凤姐一句就道破了她们的来意："我又不会做什么'湿'咧'干'的，叫我吃东西倒会。""你们别哄我，我早猜着了：那里是请我做'监察御史'？分明是叫我去做个进钱的'铜商'罢咧。你们弄什么社，必是要轮流着做东道儿；你们的钱不够花，想出这个法子来勾了我去，好和我要钱。——可是这个主意不是？"李纨问她"这诗社到底管不管"，凤姐笑道："这是什么话？我不入社花几个钱，我不成了大观园的反叛了么？还想在这里吃饭不成？"接着就大方地给了五十两银子。（第四十五回）她虽不会做诗，却也参加诗社的活动，还吟了一句"一夜北风紧"的开篇，倒也气度不凡。

当凤姐与大观园中的女孩子们在一起的时候，她仿佛忘记了外面世界的钩心斗角、尔虞我诈，这时的凤姐，是另外一个样子。在螃蟹宴上，她竟不分长幼尊卑与丫头们笑闹成一团。"鸳鸯笑道：'好没脸！吃我们的东西！'凤姐儿笑道：'你少和我作怪，你知道你琏二爷爱上了你，要和老太太讨了你做小老婆呢。'鸳鸯红了脸，啐着嘴，点着头道：'哎！这也是做奶奶说出来的话！我不拿腥手抹你一脸算不得！'说着，站起来就要抹。凤姐道：'好姐姐！饶我这遭儿罢！'琥珀笑道：'鸳丫头要去了，平丫头还饶他？你们看看，他没吃两个螃蟹，倒喝了一碟子醋了！'平儿手里正剥了个满黄螃蟹，听如此奚落他，便拿着螃蟹照琥珀脸上来抹，口内笑骂：'我把你这嚼舌根的小蹄子儿……'琥珀也笑着往傍边一躲。平儿使空了，往前一撞，恰恰的抹在凤姐腮上。凤姐正和鸳鸯嘲笑，不防吓了一跳，'嗳哟'了一声，众人撑不住都哈哈的大笑起来。凤姐也禁不住笑骂道：'死娼妇！吃离了眼了！混抹你娘的！'"（第三十八回）俨然是一幅青春少女嬉戏玩闹的仕女图。这个时候的凤姐，和"毒设相思局""逼死尤二姐"时的凤姐，仿佛是两个不同的人了。

凤姐对众姐妹的体贴关心，并非事事都夹杂着功利的目的。袭人因为母亲生病回家探视，凤姐叮咛她穿戴好些，日常用的东西也自己带上。看见袭人穿的王夫人送的灰鼠皮袄子太俭朴了，毛也太短，凤姐就将自己的一件大毛的给了袭人。这固然是因为王夫人已经把袭人视为宝玉的"屋里人"，凤姐这样做有讨好王夫人的意思。但当平儿说送一件缎的给邢岫烟时，凤姐嘴上开玩笑说平儿把她的东西乱送人，却也并没有不满。在识大体这一点上，凤姐比她的婆婆邢夫人强多了。

在许多读者眼里，凤姐有一点是绝对不能原谅的。那就是她用"调包计"让宝玉与宝钗结婚，以致黛玉"焚稿断痴情"。就凭这一项罪名，凤姐就该打入十八层地狱。但凤姐可能有点冤枉。

事实上，从《红楼梦》前八十回来看，凤姐乃是宝、黛的热心撮合者。比如黛玉的父亲林如海死后，凤姐就向宝玉开玩笑说："你林妹妹可在咱们家住长了。"（第十四回）后来又以开玩笑的方式当众对黛玉说："你既吃了我们家的茶，怎么还不给我们家做媳妇儿？""你给我们家做了媳妇，还亏负你么？""你瞧瞧人物儿配不上？门第儿配不上？根基儿家私儿配不上？那一点儿玷辱你？"（第二十五回）宝、黛的情缘，在凤姐诙谐幽默的谈吐中逐渐明朗化了。时隔不久，宝、黛之间发生了一次大的口角，贾母让凤姐去劝架，凤姐又用她那诙谐幽默的语言，使宝、黛之间的不愉快被笑声所代替。她那个"黄鹰抓住鹞子的脚——两个都扣了环了"的形象比喻，与贾母说的"不是冤家不聚头"一样，令宝、黛对爱情有了更深一层的理解。由这些情节来看，后四十回写凤姐施"调包计"，也许并不符合曹雪芹的原意。

在王熙凤短短的一生中，她制造了不少悲剧，最后她自己也没有逃脱悲剧的命运。《红楼梦》第五回，那首预示王熙凤一生事业与结局的《聪明累》曲子写道："机关算尽太聪明，反算了卿卿性命！生前心已碎，死后性空灵。家富人宁，终有个，家亡人散各奔腾。枉费了，意悬悬半世心，好一似，荡悠悠三更梦。忽喇喇似大厦倾，昏惨惨似灯将尽。呀！一场欢喜忽悲辛。叹人世，终难定！"这首曲子不仅预示了王熙凤"反算了卿卿性命"的悲剧结局，而且还说明她的悲剧是伴随着贾府的悲剧而来的。贾府这座大厦最终必将忽喇喇地倾倒，作为管家奶奶的王熙凤的人生也走到了尽头。贾府被抄，王熙凤平时放高利贷的借券成了致祸的罪证。对于凤姐来说，抄家最为致命的打击不是抄没了贾府的财产，而是她"落在人后头了"。她辛辛苦苦建立起来的声望与地位一旦失去，其绝望是可想而知的。办理贾母的丧事，更使王熙凤心力交瘁。这时贾府已今非昔比，再加上掌握实权的邢夫人处处掣肘，丧事办得一塌糊涂。丈夫贾琏也弃她而去，除了平儿，王熙凤已落得众叛亲离了。"凡鸟偏从末世来，都知爱慕此生才；一从二令三人木，哭向金陵事更哀。"太虚幻境中的这首判词，正是王熙凤一生经历的写照。

刘姥姥参加的一次宴会

如何突出贾府的豪奢？如何渲染大观园的欢快氛围？如何写出贾府的由盛转衰？《红楼梦》别出心裁地让一个乡下老太太刘姥姥几次来到贾府，可谓神来之笔。

刘姥姥一进贾府，建立了与贾府的联系。俗话说：一回生，二回熟。刘姥姥二进贾府，俨然就成了贾府的"正宗"亲戚；又因为贾母"正想个积古的老人家说话儿"，刘姥姥就这样成了大观园的"贵宾"。所谓"积古的"，就是有着丰富的社会阅历，知道很多事情。刘姥姥恰好是这样一个人。

刘姥姥像谁？有人说她像《金瓶梅》里的应伯爵。应伯爵的人格以及所扮演的人生角色也许不上档次，可他在《金瓶梅》中的两个作用却是别的人所无法取代的。首先，西门庆家食用的豪奢，无论平铺直叙得多么热闹，都不易抢眼，很难给读者留下深刻印象；让一个内行的"外人"恰到好处地指点一番，那"陌生化"造成的效果，绝不是平铺直叙所可比拟的；而这个"外来人"，就是应伯爵。其二，西门庆成年累月在娱乐中消磨光阴，久而久之，神经疲倦了，感觉迟钝了，这时候，便需要来一剂清凉的饮料，来激发他对快乐的感觉；而能提供这种调料的，也是应伯爵。就文化程度而言，应伯爵远在西门庆之上，但为了从西门庆那里揩油，他甘愿巴结奉承这个有钱的文盲。他的理论是："如今时年尚个奉承"，"你若撑硬船儿，谁理你？"西门庆之所以乐意让应伯爵揩油，就是因为应伯爵有本事让他开心，据玳安说，不管西门庆有多少烦恼，"只他到，略说两句话儿，爹就眉花眼笑的"。他在《金瓶梅》中的重要性可见一斑。

应伯爵是帮闲，是清客，贾府诸人也是这样看刘姥姥的。第四十回，鸳鸯说："天天咱们说外头老爷们：吃酒吃饭，都有个凑趣儿的，拿他取笑儿。咱们今儿也得了个女清客了。"鸳鸯称刘姥姥为"女清客"，是就二进贾府的情节而言；后来她不顾拐带的罪名救出巧姐，实在算得侠客。刘姥姥是一个集清客、侠客于一身的人物。这里我们只谈作为清客的刘姥姥。

"女清客"一来，就为贾府的螃蟹宴算了一笔账："这样螃蟹，今年就值五分一斤，十斤五钱，五五二两五，三五一十五，再搭上酒菜，一共倒有二十多两银子。阿弥陀佛！这一顿的银子，够我们庄家人过一年了！"（第三十九回）读者记得，螃蟹宴在贾府算不上高档次。经"女清客"

拿来和庄稼人的开销一比较，贾府生活的豪奢靡费便给读者留下了鲜明印象。

"女清客"说话的口气也是别具个性的。比如，她见贾母时说："请老寿星安。"己卯本《脂砚斋重评石头记》夹批道："更妙！贾母之号何其多耶？在诸人口中则曰老太太，在阿凤口中则曰老祖宗，在僧尼口中则曰老菩萨，刘姥姥口中则曰老寿星者，却似有数人，想去则皆贾母，难得如此各尽其妙。刘姥姥亦善应接。"她对贾母的称呼，亲切得体，充分体现了一个乡下老太太对贵族老太太的敬慕。

"女清客"最为贾府上下看重的本事是逗乐。"刘姥姥吃了茶，便把些乡村中所见所闻的事情说给贾母听，贾母越发得了趣味。""彼时宝玉姐妹们也都在这里坐着，他们何曾听见过这些话，自觉比那些瞽目先生说的书还好听。"在这里，刘姥姥扮演的又是一个女说书家的角色。刘姥姥也懂得见机行事，"虽是个村野人，却生来的有些见识，况且年纪老了，世情上经历过的，见头一件贾母高兴，第二件哥儿姐儿都爱听，便没话也编出些话来讲。"到第四十回中，她索性以小丑自居，以喜剧演员自居，故意以夸张的风格表现她的粗笨和村野，为贾母等人逗乐。她在《红楼梦》中的作用如同应伯爵在《金瓶梅》中一样，别的任何人都取代不了。

第四十回是一篇充满了"笑"的文字。而制造笑料的主角是刘姥姥，享用笑料的则是贾母和贾母身边的一帮太太、奶奶、小姐、公子以及气势不凡的丫鬟们。

贾母跟贾政的风格截然不同。贾政不管什么时候出场，都给人严峻、生硬之感，空气也因之凝固起来。贾母呢，她却时时与笑声为伴；她喜欢热闹，喜欢人说说笑笑。凤姐讨她喜欢，原因之一就在于凤姐善于插科打诨，给生活带来了一连串的笑声。刘姥姥讨她喜欢，更是由于刘姥姥懂得凑趣，故意地说些呆话，任凭凤姐、鸳鸯捉弄，一点儿也不介意。贾母让刘姥姥戴花，凤姐就将她"打扮"一番，"把一盘子花，横三竖四的插了一头"，引得贾母和众人"笑的了不得"。刘姥姥甚至还能应景地说出许多妙语："我这头也不知修了什么福，今儿这样体面起来！"她自嘲的话又引来众人大笑："你还不拔下来摔到他（凤姐）脸上呢，把你打扮的成了老妖精了！"刘姥姥"顺水推舟"地笑道："我虽老了，年轻时也风流，爱个花儿粉儿的，今儿索性作个老风流！"拿自己开涮，刘姥姥的"清客"角色，扮演得严丝合缝。

"笑"的高潮还需要再推一把才会到来。于是，刘姥姥不失时机地在酒席上立起身来，高声说道："老刘，老刘，食量大如牛：吃个老母猪，不抬头！"说完，"鼓着腮帮子，两眼直视，一声不语"。这一出人意料的表演，一下子引发了笑的高潮。

最先发笑的是湘云，"撑不住，一口茶都喷出来"。她豪放不羁，开朗放达，比别人先笑，笑时喷出口中的茶，都在情理之中。黛玉则"笑岔了气，伏在桌子上只叫'嗳哟！'"其体质之纤弱，不难想见。至于宝玉，撒娇地"滚到贾母怀里，贾母笑的搂着叫'心肝'"，惜春"拉着他奶母，叫'揉揉肠子'"，也写得神态活现。而尤为传神的是，"王夫人笑的用手指着凤姐儿，却说不出话来"。以王夫人对凤姐的了解，她立时想到，导演刘姥姥演出这幕滑稽剧的，肯定是王熙凤；而凤姐的促狭，既机智有趣，又无伤大雅，所以王夫人"用手指着"她，那实在是一种表示赞许的独特方式，是彻头彻尾的醉态。

作者唯一没有写到的是宝钗，也许她确实没有笑。宝钗太熟谙人情世态了，她在刘姥姥甘愿充当滑稽角色的表演中，可能体会到了某种人生的酸楚吧？刘姥姥确实是心甘情愿的，为了女儿、女婿家的生活，她甘愿舍着"这副老脸"去扮演丑角，奉承贾母。其间的心酸和屈辱不言而喻。戚蓼生序本《脂砚斋重评石头记》回后评语说："写贫贱辈低首豪门，凌辱不计，诚可悲夫！此故作者以警贫贱，而富室贵豪，亦当于其间着意。"刘姥姥以破费尊严脸面所造成的欢乐场面，有着反映贾府豪奢和衬托人情世态的双重意味。

还有一个人没有笑，那就是《红楼梦》的作者曹雪芹。在曹雪芹心目中，"好一似食尽鸟投林，落了片白茫茫大地真干净"始终是《红楼梦》所有繁华的参照系。在这个总的归宿下，贾府的一切欢乐，一切笑声，都只是过眼云烟，都只是对那个凄婉的悲剧的烘托，都只能勾起"顽石"对昔日的怀恋与对悲剧的感叹。如此说来，一串又一串的笑声，一个又一个的笑的场景，一句话：此日的开心，酿造的却是未来的心酸。这是整个悲剧中"以乐景写哀"的重要环节。

后记

有幸在中华书局出版一本指导阅读四大名著的书，应该感谢张敏君的邀约。

《四大名著应该这样读》的写作，参考了武汉大学出版社2002年出版的《四大名著导读丛书》。那套丛书一共四本，由我主编，主要作者除我之外，还有鲁小俊、王同舟、乐云、余来明。现在他们四位都已在学界崭露头角，而当年正在武汉大学攻读学位。之所以带着他们写一套导读的书，一方面这是一个教学的过程，可以把我的研究心得系统地传授给门下，另一方面，教学相长，他们的一些见解也让我受到启发。

《四大名著应该这样读》的写作，在两个技术性的问题上花了不少气力。其一，每一讲均为十篇短文，在这样一个布局下如何做到点面兼顾，既让每一篇都可以独立阅读，而各篇合起来又能大体展现一部名著的整体风貌？比如，《三国演义》包含了"历史的三国""民间的三国"和"掌故的三国"，如果是专著或论文的话，不妨依次写来。而《四大名著应该这样读》的各篇却是相互独立的单篇文章,如何处理才不留下遗憾?我的做法是这样的:第一篇《〈三国演义〉综述》总括全书,力求写得简明扼要。后面九篇中,《"雄才大略"的"奸雄"》《是道德,更是权谋》《君子之仕行其义也》围绕"历史的三国"展开;"掌故的三国"为最后一篇;其他各篇则属于"民间的三国"。读完这十篇短文,不仅可以重点领略《三国演义》的精彩之处,对全书的总体风貌也不难获得较为完整的印象。其他各辑也采取了类似的做法。其二,让中学生或非专业人士读得懂并且喜欢读,这是我所向往并努力达到的境界。多少年来,一直偏爱朱光潜先生的文章,深刻而又明白,丰富而又纯净,读他的书,真是一件快乐的事情。这次写《四大名著应该这样读》,也不时想起朱光潜先生,虽不能至,心向往之。至于具体成效如何,当然要由读者来评价了。

　　本书第二讲的《梁山女侠》《梁山好汉的十八般武艺》,系以王同舟的初稿为基础写成,特此说明并致谢。

陈文新

2017 年 7 月 27 日

国家社科基金重大招标项目《中国文学史著作整理、研究及数据库建设》（17ZDA243）成果